Uma noite fatídica

Walter Lord

Uma noite fatídica

TRADUÇÃO Tomás Rosa Bueno

TRÊS ESTRELAS

Título original *A night to remember*

EDITOR Alcino Leite Neto
EDITORA-ASSISTENTE Rita Palmeira
COORDENAÇÃO DE PRODUÇÃO GRÁFICA Mariana Metidieri
PRODUÇÃO GRÁFICA Iris Polachini
CAPA Carolina Vaz
PROJETO GRÁFICO DO MIOLO Mayumi Okuyama
PREPARAÇÃO Marcia Menin
REVISÃO Carmen T. S. Costa
REVISÃO TÉCNICA Ricardo Bonalume Neto
INFOGRAFIA Lydia Megumi Oide

Dados Internacionais de Catalogação na Publicação (CIP)
(Câmara Brasileira do Livro, SP, Brasil)

Lord, Walter, 1917-2002.
Uma noite fatídica : o clássico relato das horas finais do Titanic / Walter Lord ; tradução Tomás Rosa Bueno ; [prefácio Daniel Mendelsohn]. – São Paulo : Três Estrelas, 2012.

Título original: A night to remember.
ISBN 978-85-65339-10-0

1. Naufrágios – Atlântico Norte (Oceano) - História
2. Repórteres e reportagens 3. Titanic (Navio a vapor) – História
4. Tragédia I. Mendelsohn, Daniel. II. Título.
III. Título: O clássico relato das horas finais do Titanic.

12-12583 CDD-910.9163

Índice para catálogo sistemático:
1. Titanic : Viagens marítimas : Naufrágio : História 910.9163

Este livro segue as regras do Acordo Ortográfico da Língua Portuguesa (1990), em vigor desde 1º de janeiro de 2009.

TRÊS ESTRELAS

Al. Barão de Limeira, 401, 6º andar
CEP 01202-900, São Paulo, SP
Tel.: (11) 3224-2186/2187/2197
editora3estrelas@editora3estrelas.com.br

Sumário

Introdução à edição brasileira

Inafundável: por que não conseguimos esquecer o Titanic

Daniel Mendelsohn

No início dos anos 1970, meu tio Walter, que não era um "tio" de verdade, mas tinha uma intuição melhor sobre meus passatempos e interesses do que alguns de meus parentes de sangue, deu-me um presente emocionante: um título de sócio dos Entusiastas do Titanic da América. Eu só tinha doze anos, mas já estava viciado. A grandiosidade, o páthos, o cavalheirismo apaixonante – Benjamin Guggenheim vestindo gravata branca e casaca para poder afogar-se "como um cavalheiro" – e a covardia vexaminosa, os erros terríveis, a tentação instigante dos "e se": para mim não existia história melhor. Eu tinha lido todos os livros que a biblioteca pública local oferecia e gastado parte de minha mesada em um exemplar do indispensável *Uma noite fatídica*, de Walter Lord. A essa incipiente coleção, tio Walter acrescentou o precioso presente de uma biografia do homem que projetou o navio. Ela está sempre entre os primeiros volumes que empacoto quando me mudo. Pouco mais tarde, quando eu estava no meio da adolescência, trabalhei por um tempo em um romance sobre dois meninos de catorze anos, um de Long Island, como eu, o outro um aristocrata britânico, que se conheceram durante a malfadada viagem inaugural. Nem é preciso dizer que a nascente amizade entre os dois foi rompida pelo desastre.

Eu não era o único que estava obcecado – ou escrevendo sobre o navio. Pode não ser verdade que "os três assuntos sobre os quais mais se escreveu em todos os tempos são Jesus, a Guerra Civil e o Titanic", como disse um historiador, mas não é tão exagerado assim. Desde o início da manhã de 15 de abril de 1912, quando o grande transatlântico foi para o fundo do oceano Atlântico levando com ele cinco pianos de cauda, 8 mil garfos de jantar, um automóvel, uma central telefônica de cinquenta linhas, 29 caldeiras, um exemplar cravejado de pedras preciosas do *Rubaiyat*, de Omar Khayyam, e mais de 1.500 vidas, nunca se parou de escrever a seu respeito. Primeiro foram as manchetes, que ainda hoje podem produzir uma sensação horrível. "TODOS SALVOS NO TITANIC APÓS COLISÃO", exultou-se o *Evening Sun* de Nova York menos de 24 horas após o naufrágio. No dia seguinte, os fatos brutos tinham tomado o lugar das conjecturas fantasiosas: "TITANIC AFUNDA, 1.500 MORTOS". Depois vieram as primeiras narrativas dos sobreviventes – um gênero que cresceu tanto que hoje inclui até um livro dos descendentes de um passageiro libanês cujo caminho para a América teria começado em uma caravana de camelos. Também houve poemas. Por um tempo, a abundância foi tanta que o *Times* achou conveniente publicar um aviso: "Para escrever um poema sobre o Titanic que mereça ser impresso, o autor precisa ter algo mais do que papel, lápis e um forte sentimento de que o desastre foi terrível". São várias histórias, estudos acadêmicos, polêmicas entre entusiastas e romances, que chegam às centenas. Há até um *Titanic for Dummies* [Titanic para leigos]. Só no mês do centenário [abril de 2012] estavam previstos quase trinta títulos.

Os livros são, por assim dizer, apenas a ponta do iceberg. Entre 1912 e 1913, foram lançadas mais de uma centena de canções sobre o Titanic. Mal tinha passado um mês do naufrágio quando lançaram um filme de um rolo chamado *Saved from the Titanic* [Salva do Titanic], com Dorothy Gibson, uma atriz que tinha sido passageira da primeira classe. Ele fixou uma fórmula – uma história de amor acoplada a uma catástrofe da vida real – que ressurgiu diversas vezes, mais notavelmente em um dramalhão de 1953 estrelado por Barbara Stanwyck e no estrondoso sucesso de James Cameron de 1997, que, quando lançado, foi o filme mais caro e de maior bilheteria de todos os tempos (em 2012, foi relançado em versão em 3D que custou 18 milhões de dólares). A televisão também produziu várias versões. A mais recente foi uma minissérie em quatro episódios, que estreou em abril de 2012, de Julian Fellowes, o criador de *Downton Abbey*. E isso só cobre as produções em inglês. Entre as dramatizações alemãs está um filme de propaganda nazista encenado a bordo do navio. Uma contribuição francesa, *The Chambermaid on the Titanic* [A arrumadeira do Titanic] (1997), baseada em um romance, apimenta a história com devaneios eróticos.

O interesse inesgotável sugere que a história do Titanic atinge uma veia muito mais profunda do que o mórbido fascínio relacionado a outros desastres. A explosão do Hindenburg, por exemplo, e até mesmo o torpedeamento, apenas três anos depois de o Titanic afundar, do Lusitania, outro grande transatlântico cuja lista de passageiros estava recheada de ricos e famosos, foram calamidades que chocaram o mundo, mas não conseguiram gerar uma obsessão semelhante. A aura de significação que envolve o destino do Titanic foi assunto de uma manchete extemporânea que apareceu em uma edição especial do jornal satírico *Onion*, em 1999, retumbando em prementes letras maiúsculas por toda a largura da página:

MAIOR METÁFORA DO MUNDO BATE EM ICEBERG

A "notícia" vinha acompanhada de uma imagem de arquivo do famoso perfil de quatro chaminés do navio. O subtítulo sublinhava a piada: "O TITANIC, REPRESENTAÇÃO DA PRESUNÇÃO HUMANA, AFUNDA NO ATLÂNTICO NORTE. 1.500 MORTOS EM TRAGÉDIA SIMBÓLICA".

A paródia do *Onion* vai ao cerne da questão: ao contrário de outras catástrofes, a do Titanic parece querer dizer alguma coisa. Mas o quê? Para alguns, é uma parábola sobre o alcance – e os limites – da tecnologia: um musical da Broadway de 1997 advertia que "em todas as épocas a humanidade tenta/ fabricar grandes obras ao mesmo tempo/ magníficas e impossíveis". Para outros, é um conto moral sobre as classes ou um prenúncio da Primeira Guerra Mundial – marco do fim de uma era mais inocente. Os historiadores acadêmicos descartam essa ideia como mera nostalgia; para eles, o desastre é menos uma linha divisória histórica do que uma tela na qual a sociedade do início do século XX projetou suas ansiedades sobre as raças, os sexos, as classes e a imigração.

Todas essas interpretações são legítimas, e até provocativas; no entanto, de algum modo nenhuma delas parece inteiramente satisfatória. Se o Titanic ocupou tão vivamente nossa imaginação neste último século, deve ser por causa de algo maior do que qualquer fato da história social, política ou cultural. Para ir até o fundo do motivo pelo qual não conseguimos esquecê-lo, devemos nos afastar dos fatos e considerar o reino a que o Titanic e sua história estão naturalmente ligados: o do mito.

Se hoje em dia os fatos são tão conhecidos que parecem mais lembrança do que história, é graças a Walter Lord. Mais de cinquenta anos após a sua publicação, *Uma noite fatídica* (1955) continua a ser o relato definitivo sobre o Titanic; nunca esteve fora do prelo. Em pouco menos de 250 páginas, o autor desenvolve limpidamente uma narrativa que, como ele intuiu com razão, não precisa de nenhum drama adicional. Ele começa praticamente no momento do impacto. "Do alto da gávea" do suntuoso navio novo – o maior já construído, amplamente admirado por seu projeto de hélice triplo e proclamado "inafundável" pela imprensa –, dois vigias que esquadrinham o Atlântico Norte invulgarmente calmo avistam de repente um iceberg "logo à frente". Em algumas páginas, o destino do navio é selado: Lord descreve os agonizantes 37 segundos decorridos entre a visão e a colisão, e depois o estranhamente discreto momento do impacto, o "vago barulho de trituração" sentido por tantos passageiros e tripulantes ("Se eu estivesse segurando um copo com água até a boca, nem uma única gota teria sido derramada", recordou um sobrevivente). Só então ele expõe os fatos que levaram até aquele momento – dentre os quais se destaca a decisão de atravessar em alta velocidade águas sabidamente coalhadas de icebergs – e o que se seguiu.

Até o livro de Lord, o que a maioria das pessoas tinha lido sobre o Titanic vinha das notícias iniciais e, mais tarde, com a passagem dos anos, de artigos e entrevistas publicados nos aniversários do naufrágio. Lord foi o primeiro escritor a juntar tudo com um ponto de vista mais distanciado. O despojamento sem pressa de seu relato espelha bem a calma estranha que, segundo dizem tantos sobreviventes, prevaleceu a bordo do navio atingido. "E assim foi", escreve Lord. "Sem campainhas nem sirenes. Nenhum alarme geral." Seu relato também não tem campainhas nem sirenes; a catástrofe se desenrola quase como em sonho. Há as reações indiferentes dos passageiros e dos tripulantes, muitos dos quais achavam que o navio que estava afundando era uma aposta mais segura do que os pequenos botes salva-vidas ("Estamos mais seguros aqui do que nesse barquinho", declarou J. J. Astor, que se afogou). Há decisões estranhamente reveladoras: um *socialite* saiu de seu camarote; depois voltou e, ignorando os 300 mil dólares em ações e títulos que tinha escondido em uma caixa de lata, pegou um amuleto de boa sorte e três laranjas. Há a percepção crescente de que o navio não dispunha de botes salva-vidas suficientes; e, destes, muitos foram lançados ao mar com metade da capacidade total. Há os foguetes disparados do navio em perigo, que um passageiro recordou como pálidos fogos contra o brilho deslumbrante das estrelas. E, depois, o dilacerante final, marcado pelo estrondo das caldeiras gigantes, arrancadas da base e precipitando-se para baixo em direção à proa submersa.

Há momentos emblemáticos de brio e devoção, e de covardia. Benjamin Guggenheim realmente trocou o colete salva-vidas por uma gravata branca e uma casaca. A sra. Isidor Straus de fato recusou-se a deixar o marido, coproprietário da Macy's:

"Aonde você for, eu irei", ouviram-na dizer. Entre as canções escritas depois do naufrágio houve uma em iídiche, celebrando a devoção do casal. E uma anedota que tem sido repetida desde que uma carta venenosa foi enviada logo após o naufrágio ao programa *Night Gallery*, de Rod Serling: uma mulher em um bote salva-vidas não era mulher coisa nenhuma. Era apenas um jovem irlandês apavorado envolto em um xale.

Lord teve contato com muitos sobreviventes, e os detalhes que estes tinham guardados na memória possuem a persuasiva estranheza da verdade. Um deles fornece uma inquietante trilha sonora para a terrível hora e meia entre o naufrágio, às 2h20, e a aparição de um navio de resgate. Jack Thayer, passageiro adolescente oriundo da afluente região da Filadélfia conhecida como "Main Line", que foi uma das poucas pessoas recolhidas do mar por um bote salva-vidas, recordou mais tarde que o som emitido pelas muitas centenas de pessoas debatendo-se na água a dois graus abaixo de zero, afogando-se ou morrendo congeladas, era como o barulho de gafanhotos zumbindo nos campos da Pensilvânia em uma noite de verão.

O mais perto que *Uma noite fatídica* chega de urdir um drama é um relato, entremeado com astúcia na narrativa maior, das ações dos dois navios que ficariam intimamente associados ao desastre. Um era o pequeno Carpathia, da Cunard Line, dirigindo-se a leste naquela noite, de Nova York para o Mediterrâneo. A mais de 58 milhas do Titanic quando captou os primeiros chamados de socorro, foi o único navio a se lançar ao resgate do grande transatlântico, invertendo seu rumo e desligando o aquecimento e a água quente em uma tentativa de maximizar a eficiência de combustível.

O outro era o Californian, um pequeno vapor que havia parado a dez milhas do Titanic – ao contrário do navio condenado, ele tinha dado ouvidos aos avisos de gelo – e ficou lá durante toda aquela terrível noite, ignorando a frenética sinalização do Titanic, por rádio, lâmpada Morse e, finalmente, foguetes. Isso tudo não é tão inexplicável como parece: o Californian não tinha um operador de rádio noturno (todos os navios de passageiros foram depois disso obrigados por lei a ter o rádio operando 24 horas por dia). Mas nunca ninguém explicou o suficiente por que o capitão, os oficiais e os tripulantes do Californian deixaram de responder aos sinais que pareciam ser evidentes pedidos de socorro. O segundo oficial apenas achou estranho que um navio estivesse disparando foguetes durante a noite. Se Lord fosse dado a grandes interpretações, poderia ter visto, no primeiro navio, um símbolo da força premente do esforço humano e, no outro, a resistência inabalável da franca estupidez.

Mais ou menos na metade de *Uma noite fatídica* – ou seja, logo depois de o navio ter ido a pique e de uma *socialite* inglesa em um bote salva-vidas se virar para sua secretária e suspirar: "Lá se vai a sua bela camisola" –, Lord interrompe a narrativa com algumas páginas de reflexões sobre o que isso significa. Os temas que ele encontra são caracterizados por uma cativante combinação de nostalgia e ceticismo. Uma noção é que o naufrágio marcou "o fim dos velhos tempos" da confiança do século XIX na tecnologia, assim como da *noblesse oblige*; outra é uma sensação de que as pessoas se comportavam melhor naquela época, fossem nobres, passageiros da terceira classe ou tripulantes. Quando um oficial foi finalmente recolhido de seu bote salva-vidas, arrumou cuidadosamente as velas e o mastro antes de subir a bordo do navio de resgate.

Porém, ofuscando tudo, está o problema do dinheiro e da classe. A história do Titanic é lida irresistivelmente como uma parábola sobre uma idade dourada em que a morte era tudo menos democrática, como uma notória estatística deixa claro: entre os homens da primeira classe – que pagaram a soma de 4.350 dólares por uma passagem só de ida, em uma época em que a renda familiar anual média nos Estados Unidos era de 800 dólares –, a porcentagem de sobreviventes foi praticamente a mesma que a das crianças da terceira classe. Apesar de todo o sentimentalismo sobre a galhardia própria dos cavalheiros, Lord não se inibe em comentar o que o naufrágio e suas consequências revelaram sobre os privilégios e preconceitos de então. "Até os cães dos passageiros eram glamorosos", diz Lord, em *Uma noite fatídica*, no início de uma irônica lista que inclui um pequinês chamado Sun Yat-sen – parte do séquito de Henry Harper, da família proprietária de editoras, que, como relata Lord laconicamente, também tinha recolhido um dragomano egípcio durante as viagens que fizera antes de embarcar, "como uma espécie de piada". O livro traça um arco condenatório entre o tratamento especial dado aos animais de estimação e a maneira como os passageiros da terceira classe foram, no final, "ignorados, negligenciados, esquecidos".

Mesmo assim, Lord manteve a pregação ao mínimo. A obra termina com um relato ameno: Jack Thayer, de dezessete anos, deita-se num beliche do navio Carpathia, que salvou 705 das 2.223 almas do Titanic, e cai no sono depois de tomar conhaque pela primeira vez na vida. *Uma noite fatídica* deixou para os outros as histórias de amor, os diamantes roubados, as algemas, os machados e os arrombamentos subaquáticos.

Um sinal da eficiência com que Lord fez o seu trabalho é o ar de constrangimento que paira sobre os estudos mais recentes. John Maxtone-Graham, cujo afetivo e minucioso *The Only Way to Cross* [O único jeito de atravessar o oceano], publicado em 1972, é considerado uma história clássica da era dos transatlânticos, interrompe no meio seu *Titanic Tragedy: A New Look at the Lost Liner* [Tragédia titânica: um novo olhar para o transatlântico perdido] (Norton) para admitir que tinha passado muito tempo tentando evitar o assunto completamente. O livro de John Welshman, *Titanic: The Last Night of a Small Town* [Titanic: a última noite de uma pequena cidade] (Oxford), visa "basear-se em *Uma noite fatídica* e ao mesmo tempo contestá-lo". O subtítulo é uma frase emprestada do livro de Lord.

No entanto, talvez surpreendentemente, parece não haver falta de novos ângulos. Como o navio que se presumia ser inafundável afundou, seu projeto e sua construção, bem como o número e a disposição dos botes salva-vidas, têm sido frequentemente objetos de debate. Maxtone-Graham, porém, muda o foco tecnológico, assinalando o papel crucial da comunicação por rádio. O Titanic foi um dos primeiros navios na história a emitir um SOS ("Envie SOS", disse Harold Bride, 22 anos, operador júnior de rádio do Titanic, que sobreviveu, a Jack Phillips, oficial sênior de 25 anos, que morreu; "é o chamado novo, e pode ser sua última chance de enviá-lo"). E o naufrágio se tornou uma das primeiras notícias globais relatadas, graças ao rádio, mais ou menos simultaneamente aos eventos. Uma das primeiras manchetes, que apareceu enquanto o navio de resgate levava os sobreviventes para Nova York – "OBSERVADORES IRRITADOS COM O SILÊNCIO DO CARPATHIA" –, sugere com que rapidez nos acostumamos a um ciclo acelerado de notícias. O livro retrata os meninos do rádio de cem anos atrás como os *geeks* de computador da época, de sua extrema juventude a sua linguagem surpreendentemente familiar. "QUAL É O PROBLEMA COM VOCÊS?", foi uma das respostas ao pedido de socorro do Titanic.

Em *Titanic: The Last Night of a Small Town*, Welshman se esforça para "reequilibrar a narrativa" sobre os privilégios, olhando, para além do *glamour* da primeira classe e do páthos da terceira classe, as histórias dos passageiros da segunda classe. Sua técnica de apresentar pequenas biografias de todos os personagens provavelmente testa os limites do interesse humano pelo assunto ("a exportação de manteiga da Finlândia estava crescendo rápido"), mas oferece detalhes maravilhosamente idiossincráticos. Um professor britânico de ciências sentiu uma estranha "sensação de segurança" quando o navio parou, "como se estivesse sobre uma grande rocha no meio do oceano"; outro sobrevivente, na época um menino de nove anos, percebeu, muito tempo depois de se estabelecer com a família no Centro-Oeste norte-americano, que não conseguia ir aos jogos dos

Detroit Tigers porque o ruído da torcida o fazia lembrar-se dos gritos dos moribundos.

O impulso de reavaliar não é novo. A melhor dissecção da criação de mitos sobre o Titanic é o livro de Steven Biel, *Down with the Old Canoe: A Cultural History of the Titanic Disaster* [Para o fundo com a velha canoa: uma história cultural do desastre do Titanic], publicado pela primeira vez em 1996 e atualizado para o centenário. Biel, historiador de Harvard, mostra como se fez com que a história do Titanic servisse a objetivos de todo mundo, dos antissufragistas ao movimento sindical e aos republicanos. Ele argumenta que, embora o naufrágio não tenha sido "nem catalisador nem causa", "expôs e veio a representar ansiedades acerca da modernidade". Uma delas era a que envolvia a questão das raças: um ataque a um dos operadores de rádio nos últimos minutos do navio foi atribuído a um tripulante "negro" que não existia. O influxo de imigrantes "novos", não anglo-saxões, era outra. Os relatos dos tripulantes e a cobertura da imprensa revelaram um preconceito tão disseminado contra os europeus do Sul que o embaixador da Itália nos Estados Unidos sentiu ser necessário fazer uma denúncia formal.

Às vezes, os quadros críticos rebuscados escapam ao controle: a ânsia de Welshman em falar sobre "o bote salva-vidas como metáfora" parece um pouco grotesca, nesse caso. Uma das razões pelas quais o Titanic prende a imaginação até hoje é que suscita as grandes perguntas "Quem vai sobreviver?" e "O que eu teria feito?", como escreve Nathaniel Philbrick na introdução a uma nova edição de *Uma noite fatídica*. Elas pairam sobre o livro de Frances Wilson, *How to Survive the Titanic; or, The Sinking of J. Bruce Ismay* [Como sobreviver ao Titanic; ou O naufrágio de J. Bruce Ismay] (Harper Perennial), biografia de uma das figuras mais controversas dessa história: o homem que foi diretor-executivo da empresa proprietária do navio. Ismay foi amplamente criticado por ter entrado em um bote salva-vidas, em vez de ir a pique com seu navio; pior, talvez, é que parece ter sido ele quem pressionou o experiente capitão do Titanic, E. J. Smith, a manter uma velocidade relativamente alta, ainda que o navio estivesse recebendo avisos de gelo.

Entrelaçando a história de Ismay com uma série de reflexões sobre *Lord Jim*, romance de Joseph Conrad sobre um oficial que abandona seu navio, Wilson ao mesmo tempo confirma e enfraquece a caricatura familiar de Ismay. Com certeza, há o sentimento de ser detentor de um direito e uma ética conveniente. "Não consigo achar que fiz algo errado e não posso me culpar pelo desastre", escreveu ele à viúva de um passageiro afogado. Mesmo assim, Wilson evoca habilmente as complexidades emocionais subjacentes. Com base em uma correspondência inédita, ela revela que, durante a viagem, Ismay apaixonou-se pela mãe do jovem Jack Thayer, Marian, e lhe fez a corte por carta depois que o naufrágio a deixou viúva. Até nesse caso, porém, prevaleceu uma frieza egocêntrica. Quando Marian pediu ajuda para receber o seguro, Ismay respondeu: "Lamento profundamente a sua perda e, claro, sei que qualquer pedido de indenização que a senhora fizer estará absolutamente correto, mas há de concordar comigo que todas as reivindicações devem ser tratadas da mesma forma, não?".

Se alguém estivesse escrevendo uma peça moralista sobre os privilégios de classe, não poderia fazer melhor do que inventar uma glamorosa nau de insensatos e enchê-la com todos os tipos, dos colunáveis aos imigrantes seguindo para a América em busca de uma vida melhor. A questão de classe é uma das principais razões pelas quais o desastre do Titanic foi sempre tão adequado para a dramatização. Contudo, a maneira de contar a história revela mais sobre nós mesmos do que sobre o que aconteceu. Se as representações indignadas do sistema de classes em tantos dramas sobre o Titanic coexistem incomodamente com as apaixonadas descrições dos privilégios da camada superior, isso também faz parte do apelo: permite-nos demonstrar nosso liberalismo, ao mesmo tempo que saciamos nosso consumismo. No filme de Cameron, torcemos pelo passageiro da terceira classe que faz uma pausa improvável, em sua última tentativa de conseguir um bote, para tecer um comentário sarcástico sobre a banda que continua tocando ("Afogamento com fundo musical; agora sei que estou na primeira classe"), mas também ficamos felizes em acompanhar Kate Winslet em um convés de passeio privativo banhado de sol, enquanto uma criada uniformizada está ajoelhada fazendo a faxina depois do café da manhã.

Talvez não seja de surpreender que o tratamento mais forte dessa questão tenha sido dado pelo filme baseado no livro de Lord feito na Grã-Bretanha em 1958 – ou seja, por pessoas que tinham uma percepção das distinções de classe melhor que a de Lord (que era norte-americano) e trabalhavam em uma época em que o sistema de classes estava sob tremenda pressão e era objeto de um implacável escrutínio na literatura e no teatro. É significativo que o único astro do filme (o popular ator Kenneth More) tenha representado um personagem relativamente humilde, embora heroico – o segundo oficial Herbert Lightoller, que conseguiu manter vivos trinta homens em um bote emborcado. A eficácia do filme, como a do livro, depende de uma apresentação simples das informações e de uma acumulação de detalhes condenatórios. Uma breve cena em que um grupo de passageiros irlandeses da terceira classe arromba um portão de metal para abrir caminho até os botes salva-vidas – de repente, encontram-se no salão de jantar da primeira classe preparado para o café da manhã do dia seguinte e de início hesitam em penetrar naquele espaço sagrado – diz mais sobre o sistema de classes do que o populismo mais cru de Cameron.

Certamente diz muito mais do que o tratamento canhestro dado ao assunto na minissérie de Julian Fellowes. Em sua popular *Downton Abbey* e no roteiro de *Gosford Park*, Fellowes mostrou uma percepção sutil das ironias de classe, mas seu Titanic afunda sob o peso de sua bagagem ideológica: a condescendência zombeteira dos passageiros da primeira classe é tão caricatural que acaba não tendo nenhuma força ("Somos uma família política", observa uma condessa pedante. "Você, acho, sempre esteve no *comércio*"). Há até um anarquista russo fugitivo a bordo para dar aulas gratuitas de política: "A Europa foi um erro para mim". Pior ainda, a produção parece barata: o salão de jantar da primeira classe tem a sofisticação provisória de uma lanchonete de escola em noite de formatura. Esse é um drama sobre o Titanic em que o ultraje de classe parece artificial e não há nenhum *luxo* compensatório.

Se o tema subjacente a todas as dramatizações do Titanic têm sido as classes, o mecanismo que move o enredo é quase sempre o romance. Com exceção de *Uma noite fatídica*, o cinema e a televisão tendem a ignorar o drama do Carpathia-Californian, preferindo usar o Titanic como pano de fundo pródigo para paixões trágicas e aulas de última hora sobre o valor redentor do amor. Fellowes leva isso a novas alturas, ou talvez profundidades: enquanto os adaptadores anteriores da história fizeram malfadados amantes ficcionais, ele enxerta um sufragista de classe alta fictício em um passageiro real da primeira classe, Harry Widener, a cuja morte os estudantes de Harvard devem sua biblioteca universitária, construída como memorial pela mãe de Harry. Se eu fosse um Widener, abriria um processo contra os produtores do filme.

A junção do romance à narrativa do desastre começou com *Saved from the Titanic*, filme de 1912 com o ângulo estranhamente presciente da "realidade" e estrelado por uma sobrevivente real. Nele, a mocinha precisa superar o medo do mar para que o noivo, oficial naval, possa cumprir o dever. O naufrágio ronda um filme britânico de 1929, *Atlantic* [Atlântico], que encena um caso de adultério em navio parecido com o Titanic, e uma tragicomédia bizarra de 1937 chamada *History Is Made at Night* [A história é feita à noite], em que Jean Arthur interpreta uma norte-americana rica que se apaixona por um *maître* famoso, interpretado por Charles Boyer, e viaja para a Europa com ele em um navio que se choca com um iceberg na viagem inaugural.

O Titanic real faz uma aparição importante em *Cavalcade* [Cavalgada], de Noël Coward, sucesso no palco e na tela nos anos 1930. Mas demorou mais de vinte anos para Hollywood injetar melodrama romântico na história. No *Titanic* de Jean Negulesco (1953), Barbara Stanwyck interpreta Julia Sturges, uma mulher do Meio-Oeste malcasada com um homem rico (interpretado por Clifton Webb), de quem ela está se distanciando enquanto leva a vida vazia do *beau monde* – "a mesma agenda boba ano após ano... pulando de festa em festa, de posição em posição, por todo o resto da vida", como ela diz ao explicar por que fugiu com os dois filhos, uma menina núbil e um menino à beira da adolescência. O arco do drama acompanha a evolução do marido – de cafajeste superficial a herói abnegado – e, o mais importante, descreve a trajetória do casal, do estranhamento por que passa até uma inevitável reconciliação de última hora que faz com que ambos se deem conta do que é realmente valioso – não o dinheiro, mas o amor.

Se o Titanic é um veículo para trabalhar nossas ansiedades culturais, o filme de 1953 deixa claro que uma delas foi, nos primeiros anos da Guerra Fria, a questão de saber quem eram os mocinhos. "Somos norte-americanos e nosso lugar é nos Estados Unidos", declara Julia. E norte-americanos de classe média: ficamos sabendo que Julia começou como uma "moça que comprava seus chapéus de um catálogo da Sears, Roebuck". A bordo do Titanic, sua filha certinha europeizada está sendo cortejada por um belo estudante norte-americano que faz questão de deixar claro que a letra "P" na camisa dele é de Purdue, não de Princeton. *Down with the Old Canoe*, de Steven

Biel, mostra outro argumento: o filme representa a nostalgia, na época da Guerra Fria, de um tipo mais administrável de apocalipse – não o ofuscante clarão termonuclear, mas o vagaroso congelamento que deixa tempo para escrever o próprio fim.

Com seu foco no sofrimento e no autossacrifício das mulheres e, especialmente, na apresentação de um romance malfadado entre o jovem despretensioso e a menina da sociedade presa a sua classe, o *Titanic* de 1953, que ganhou o Oscar de melhor argumento e roteiro, antecipou o filme de Cameron de 1997, que ganhou Oscar em quase todas as categorias. Muitas das palavras que Cameron colocou na boca de sua debutante frustrada, Rose DeWitt Bukater (Kate Winslet), lembram as falas de Barbara Stanwyck. "Vi toda a minha vida como se já a tivesse vivido", lembra Rose, explicando sua atração pelo jovem artista despreocupado Jack Dawson (Leonardo DiCaprio). "Um desfile interminável de festas, bailes... a mesma conversa fiada sem nexo." Mas Cameron deu a seu filme um caráter mais feminista do que patriótico. Rose, de uma família "boa" mas empobrecida da endinheirada região de Main Line, está sendo dada em casamento ao repugnante Cal Hockley, que sela seu compromisso com um diamante azul que havia pertencido a Luís XVI ("*Nós* somos a realeza", diz ele presunçosamente ao pôr o colar com a gigantesca pedra no pescoço de Rose). "É tão injusto!", suspira ela durante uma conversa com a mãe, odiosamente esnobe, que, na mesma cena, a está apertando em um espartilho. "É claro que é injusto", retruca a mãe. "Somos *mulheres*." Não é de estranhar que quase metade das espectadoras com menos de 25 anos que assistiram ao filme foi vê-lo uma segunda vez no prazo de dois meses após o lançamento e que três quartos delas disseram que o veriam de novo.

Rose não é a única moça aflita que está sendo maltratada. Como a língua inglesa se refere a navios usando o gênero feminino, assim também ocorreu com o Titanic, e Cameron fez grandes esforços para sugerir a identificação entre o transatlântico e a jovem. As duas, a moça e a embarcação, são para todos os efeitos "donzelas" a caminho de perder a virgindade; ambas são apresentadas como belos objetos de adoração possessiva, destinados à gratificação do ego masculino. "Ela [Titanic] é o maior objeto móvel já feito pela mão do homem em toda a história", vangloria-se na mesa do almoço um presunçoso Ismay com alguns comensais, que concordam com ele. Mais tarde, quando Rose chega para jantar, um dos amigos milionários de Cal o cumprimenta pela noiva como se ela também fosse um objeto premiado: "Parabéns, Hockley; ela é esplêndida!".

Cameron destacou as semelhanças entre a jovem e o transatlântico também de outros modos. A cena em que Jack segura Rose pela cintura quando ela está na proa com os braços abertos, em direção ao que será o último pôr do sol do Titanic, tornou-se um momento emblemático do cinema norte-americano (e também da vida real: um casal contraiu matrimônio em um minissubmarino perto do mesmo local). Muito mais instigante, porém, é a maneira como a visão da proa em alta velocidade, nessa cena, transforma-se, segundos depois, em uma imagem da vida real tornada igualmente famosa – a mesma proa tal como está hoje, meio enterrada na lama do fundo do Atlântico, sob duas milhas e meia de água, descolorida e esvaziada de propósito e de vida. No filme, só mais uma coisa bela sofre transformação equivalente: vemos o rosto corado de Kate Winslet como a jovem Rose, na noite em que ela posou nua para Jack, de repente mirrar, dando lugar à face com rugas de Gloria Stuart, a atriz que Cameron sabiamente escolheu para representar Rose nas sequências da narrativa passadas nos dias atuais. Stuart, estrela da década de 1930, era poucos anos mais jovem do que Dorothy Gibson, a protagonista do filme de 1912.

Quando se compara o filme de Cameron com seu antecessor de 1953, a evolução das atitudes é impressionante. O clímax emocional do filme anterior caracteriza-se pela percepção atormentada de Julia Sturges de que afinal de contas o lugar dela é com o marido; o desastre volta a unir essa família dilacerada. O filme de Cameron fala da ruptura dos laços de família, por meio de um contraste inteligente entre suas duas protagonistas: Rose e a embarcação Titanic. No início do filme, o navio avança com confiança, enquanto Rose é vista "presa", incapaz de "soltar-se" (aquele espartilho, aquela mãe); no final, a embarcação está imobilizada, enquanto a moça está por conta própria, literal e figurativamente. Ela precisa abandonar o pedaço de lambri ao qual subiu e, em prantos, deixar Jack (agora um cadáver congelado) – algo que ela tinha prometido nunca fazer – para ir nadando em busca de socorro.

Rose, em outras palavras, salva-se; no final, o Titanic é o sacrifício, o preço que deve ser pago para o renascimento de Rose como uma moça que age por e para si mesma – ou, antes, uma mulher: ela faz amor com Jack memoravelmente durante a viagem e chega a Nova York, enquanto a embarcação permanece virgem. Essa é outra razão pela qual não conseguimos tirar a história da cabeça. Se o Titanic tivesse afundado em sua 27ª viagem, não ficaríamos tão assombrados. É a incompletude que nunca deixa de nos obcecar, tentando-nos a preencher os espaços em branco com mais narrativa.

No final de *Uma noite fatídica*, Walter Lord faz uma breve menção ao "elemento de destino" da história, que provoca os leitores com o sentimento simultâneo de inevitabilidade e de quão facilmente as coisas poderiam ter ocorrido de outro modo. É como, diz ele, "uma tragédia grega clássica".

Estava certo. Toda a energia gasta com a mecânica, o romance, a construção, a lista de passageiros, os intermináveis debates sobre o que o Californian poderia ter feito e sobre quantas pessoas morreram (questão ainda não resolvida) desviou a atenção do que, em última instância, pode ser a coisa mais óbvia sobre a história do Titanic: ela reproduz estranhamente a estrutura e os temas de nossos mitos mais fundamentais e de nossas mais antigas tragédias. Como Ifigênia, a embarcação naufragada é uma bela "virgem" sacrificada no altar dos planos de homens gananciosos ansiosos para zarpar; a embarcação de 46 mil toneladas é apenas a mais recente em uma longa linha de lindas vítimas, um arquétipo da feminilidade vulnerável que está no cerne da tradição literária ocidental.

Mas o Titanic encarna outra estirpe de tragédia. Trata-se do drama de um herói falho e autodestrutivo, de presunção arrogante e protagonista de grandes conquistas. O navio começa como Édipo: admirado, idolatrado, saudado como diferente, especial, exaltado. A horrível inquietação da peça de Sófocles deriva da exposição implacável da queda em desgraça do protagonista – e do fato de que sua confiança e seu talento são o que o impedem de ver o desastre iminente. Cameron entendeu isso. Os enormes recursos a sua disposição permitiram-lhe dar-nos esse outro herói: o próprio navio, recriado com riqueza de detalhes. A cena em que o transatlântico se faz ao mar, os carvoeiros enchendo as caldeiras, os manômetros de vapor subindo, o *tum-tum* das turbinas ganhando velocidade enquanto os pistões sobem e descem – culminando em uma tomada subaquática dos três hélices começando a agitar a água –, configura o que se poderia chamar de "tragédia mecânica". O diretor sabia da existência de um antigo prazer teatral, não totalmente desprovido de *Schadenfreude*, em ver algo bonito desmoronando.

É por tudo isso que continuamos assistindo ao filme de Cameron e não conseguimos parar de pensar sobre o Titanic. A história funde irresistivelmente dois dos mais antigos arquétipos da literatura.

Grande parte dela reforça o sentimento de uma composição artística. O nome do mítico navio – os titãs eram uma raça de superseres que lutaram contra os deuses e perderam – aponta para um tema clássico: a presunção castigada ("Nem Deus conseguiria afundar este navio"). Steven Biel reproduz a letra de uma música cantada por trabalhadores das tecelagens de algodão da Carolina do Sul: "Essa grande embarcação foi construída pelo homem/ e foi por isso que ela não aguentou./ Que ela não podia afundar era o grito de todos,/ mas um iceberg rasgou-lhe o costado/ e Ele abateu seu orgulho". Um boato que começou a circular na época do desastre afirmava que o navio-irmão do Titanic, o Britannic, deveria ter sido batizado de Gigantic [Gigantesco], mas acabou ganhando um nome que desafiasse menos o destino.

A estrutura da história do Titanic tem também a simetria elegante da literatura: o herói fica entre um enérgico salvador (o Carpathia) e um vilão obtuso (o Californian). E outro fator sugere a qualidade de ter sido concebida como um espetáculo dramático. Uma grande diferença entre o Titanic e outros naufrágios – o do Lusitania, por exemplo – é a maneira como sua história se desenrolou em tempo real. Torpedeado por um submarino em maio de 1915, o navio da Cunard afundou em dezoito minutos – um intervalo curto demais, em outras palavras, para gerar histórias. O Titanic levou duas horas e quarenta minutos para ir a pique depois de bater no iceberg – quer dizer, mais ou menos o mesmo tempo que um filme de sucesso leva para contar uma história.

Déjà vu trágico, temas clássicos, estrutura perfeita, cronograma impecável: se o Titanic tivesse sido inventado, não poderia ter ficado melhor. Mas a verdade é que alguém o inventou, sim. O item mais inquietante do imenso inventário de fatos triviais sobre o Titanic talvez seja o romance *Futilidade*, de um escritor chamado Morgan Robertson. Ele começa com um grande transatlântico com um inovador projeto de hélice triplo, "a maior embarcação à tona e a maior das obras dos homens... Inafundável, indestrutível". Cruzando condições perigosas em alta velocidade, o navio primeiro bate em alguma coisa a estibordo ("um pequeno abalo sacudiu a extremidade a vante"); mais tarde, depois de um grito aterrorizante de "gelo à frente", colide com um iceberg e vai a pique.

Como o título sugere, os temas dessa obra de ficção são os antigos: a vaidade da diligência humana, o castigo divino por causa da confiança arrogante em nosso avanço tecnológico, a inutilidade do esforço do homem em um mundo regido por uma natureza indiferente. Mas a escrita ganha vida somente quando Robertson se concentra nos detalhes da mecânica, como na cena das sequelas da colisão:

> Setenta e cinco mil toneladas – tonelagem de peso morto –, correndo através da névoa a quinze metros por segundo, tinham-se arremessado contra um iceberg. [...] ele ergueu-se para fora do mar, cada vez mais – até os hélices na popa ficarem meio expostos [...]. Os parafusos de fixação de doze caldeiras e três motores de tripla expansão, não projetados para manter tais pesos firmes em um piso na perpendicular, partiram-se, e aquelas massas gigantescas de aço e fogo despencaram em um labirinto de escadas, grades e anteparas, perfurando o costado do navio [...] o rugido do vapor escapando e o zumbido parecido ao de abelhas de quase 3 mil vozes humanas elevadas em chamados e gritos atormentados [...]. Um monte sólido, como uma pirâmide de gelo, passou a estibordo.

Até nos detalhes mais idiossincráticos, tudo isso é familiar: o zumbido parecido ao de abelhas acena para a comparação feita por Jack Thayer do clamor dos moribundos ao zumbido de gafanhotos em uma noite de verão. Mas não podia ser. Robertson publicou o livro dele em 1898, catorze anos antes de o Titanic zarpar. Se o navio continua a rondar nossa imaginação, é porque estávamos sonhando com ele muito antes da tarde fresca de primavera em que guinou a proa para o oeste e, pela primeira vez, saiu em direção ao mar aberto.

Daniel Mendelsohn (1960) é jornalista e crítico norte-americano. É autor de, entre outros livros, The Elusive Embrace: Desire and the Riddle of Identity *(1999),* Os desaparecidos: a procura de 6 em 6 milhões de vítimas do holocausto *(2006, publicado no Brasil pela Casa da Palavra), e* Waiting for the Barbarians: Essays from the Classics to Pop Culture *(2012). O artigo aqui reproduzido, "Unsinkable: why we can't let go of the Titanic", foi publicado originalmente na revista* The New Yorker *em 16/4/2012.*

Introdução à edição do quinquagésimo aniversário

Já se passaram 93 anos desde que o grande navio afundou, mas o fascínio do público pelo Titanic não dá sinais de declínio. Um recente leilão de objetos do transatlântico atraiu a atenção mundial e atingiu preços impressionantes. Os destroços do naufrágio, a mais de duas milhas abaixo da superfície do mar, foram visitados por tantos turistas e caçadores de tesouro que foi preciso celebrar um acordo internacional para limitar o acesso a eles. Houve até um casamento em um minissubmarino sobre a proa do navio – um tributo à famosa cena de equilíbrio de Leonardo di Caprio e Kate Winslet no filme de James Cameron de 1997.

No entanto, antes dos destroços, descobertos por Robert Ballard em 1985, e do filme, ganhador de onze Oscar em 1998, havia o livro: *Uma noite fatídica*, escrito por Walter Lord e publicado em 1955. Para uma geração criada com o romance ficcional de Kate e Leonardo e as imagens cruamente reais do Titanic como um mausoléu subaquático, pode ser difícil apreciar o impacto da joia finamente lapidada que é a obra de Lord. *Uma noite fatídica* não só chegou ao topo da lista dos *best-sellers* e inspirou um programa de televisão especial ao vivo assistido por 28 milhões de pessoas, como também deu início à mania que fez da subsequente descoberta dos destroços praticamente um fato consumado. "Na criação do mito do Titanic", escreveu Steven Biel em *Down with the Old Canoe: A Cultural History of the Titanic Disaster,* "houve dois momentos decisivos: 1912, claro, e 1955." Hoje, cinquenta anos depois de seu lançamento, *Uma noite fatídica* permanece o relato definitivo do desastre.

Lord descreveu a perda do Titanic como "a maior notícia dos tempos modernos: o maior navio do mundo, proclamado inafundável, bate em um iceberg na viagem inaugural e afunda, levando com ele muitas das grandes celebridades da época". Por mais espantoso que possa parecer atualmente, embora o Titanic tivesse afundado 43 anos antes, *Uma noite fatídica* foi o primeiro livro significativo sobre a tragédia. Mesmo depois de tantos anos, havia mais de sessenta sobreviventes para Lord entrevistar. Ele tinha, no entanto, muito mais a seu favor do que o bom momento e a pesquisa pioneira. De várias maneiras, era o autor perfeito para esta obra. Quando menino, fizera um cruzeiro transatlântico no irmão do Titanic, o Olympic, durante o qual ficara fantasiando sobre como seria ter estado a bordo do navio condenado. O Titanic transformou-se em obsessão, e, depois do serviço militar na Segunda Guerra Mundial, Lord trabalhou como revisor de textos em uma agência de publicidade de Nova York enquanto escrevia *Uma noite fatídica.*

Muito foi dito de sua capacidade de retratar minuto a minuto o drama do naufrágio e ao mesmo tempo transmitir a ideia da escala do desastre. O que de fato distingue este livro, entretanto, é a contenção e a condensação do relato. Teria sido fácil para Lord – que despendeu décadas com esse assunto – ceder à tentação de contar mais do que precisamos saber. Mas nem uma única vez ele permitiu que sua prodigiosa pesquisa interferisse na história. Com plena consciência de que estava lidando com um fato tão importante e tão conhecido que corria o risco de frustrar o leitor, trata o Titanic com calculada sobriedade. Com efeito, quase tudo em *Uma noite fatídica* – a brevidade, o estilo de leitura agradável e até o título enganadoramente prosaico – serve para evitar a armadilha mortal da hipérbole. Trabalhando com habilidade contra a extravagância inerente do material, Lord criou um clássico da narrativa não ficcional.

Em vez do estrondo da fanfarra, *Uma noite fatídica* começa com um gancho: a história de como, no fim do século XIX, um romancista de quinta categoria tinha escrito um livro logo esquecido que previa, com inquietante precisão (acertando até a tonelagem do navio), o desastre do Titanic. Como marca de um presságio ou sugestão de que a realidade do que aconteceu em 14 de abril de 1912 supera até o mais lúgubre produto da imaginação humana, o prefácio de Lord – ao mesmo tempo descontraído, instigante e misterioso – é um *tour de force* em quatro parágrafos.

O autor nos empurra imediatamente para a ação: estamos com o vigia Frederick Fleet, esquadrinhando a vasta escuridão. O Titanic é uma locomotiva aquática precipitando-se para a destruição a 22,5 nós, mas também um navio de inigualável esplendor. Em uma digressão caracteristicamente breve, Lord fala sobre os cães exóticos trazidos pelos passageiros da primeira classe na viagem. Mal temos tempo para sorver essas espumas de frivolidade e já estamos de novo com o vigia: "De repente, Fleet avistou algo bem à frente, ainda mais escuro do que a escuridão". Era o iceberg, claro.

E nesse ponto permanece a narrativa por todo o capítulo, pois Lord reprisa a colisão pelo menos vinte vezes. No jornal *New York Herald Tribune*, o crítico Stanley Walker fez a descrição da famosa técnica de Lord como "uma espécie de pontilhismo literário, um arranjo de contrastantes fragmentos de fatos e emoções feito de tal maneira que transmite ao leitor uma impressão intensamente real do evento". Essa técnica é também um modo bastante eficaz de manter o suspense. Ao passarmos de uma pessoa para outra, clamamos por descobrir o que vai acontecer a seguir. No processo, tomamos conhecimento, quase sem perceber, de uma extraordinária quantidade de informações sobre o navio e seus passageiros. E, o mais importante, começamos a nos preocupar com essas pessoas e, inevitavelmente, a imaginar: "Quem vai sobreviver?". Outra pergunta que paira sobre a narrativa é: "O que eu teria feito?". Como consequência, não somos meros observadores das pessoas e dos acontecimentos daquela noite extraordinária; fazemos parte do que se tornará uma corrida frenética e desoladora para os botes salva-vidas.

No capítulo seguinte, os passageiros ficam sabendo que o impensável de fato aconteceu: o Titanic está afundando. Thomas Andrews, o construtor do navio, é o primeiro a entender a magnitude dos danos causados pelo iceberg. "Era uma certeza matemática, pura e simples", escreve Lord. "Não havia saída." Em um exasperante contraste com o reconhecimento quase imediato por Andrews da pavorosa realidade da situação está a incompreensão dos oficiais do Californian, navio que esperava a noite passar no mesmo campo de gelo que o Titanic. Lord termina esse e quase todos os demais capítulos com um parágrafo ou dois sobre o potencial navio de resgate e o alheamento de seus oficiais do que se estava desenrolando ao seu lado. Esse é o grande "e se..." da narrativa, e, cada vez que Lord retorna à falta de curiosidade quase bovina a bordo do Californian, o suspense sobe mais um degrau.

É apenas no quarto capítulo que os botes salva-vidas – muitos deles só parcialmente carregados – começam a afastar-se do local do naufrágio. Pela primeira vez podemos ver o navio ferido no que viriam a ser os estertores de sua agonia. Lord entrevistou dezenas de sobreviventes, porém manteve a citação direta ao mínimo. "Dos botes", escreve ele, "viam-se as pessoas alinhadas ao longo das amuradas; ouvia-se o *ragtime* soando no ar imóvel da noite. Parecia impossível que houvesse algo errado com o transatlântico; no entanto, ali estavam eles, no mar, e atrás deles, o navio, bem adernado na proa. Brilhantemente iluminado de ponta a ponta, parecia um bolo de aniversário solado". É uma comparação inspirada. Nada poderia ser mais diferente de um navio afundando do que um bolo de aniversário, mas é precisamente isso o que Lord quer dizer. O Titanic tornou-se uma paródia de si mesmo – toda pompa e circunstância reduzidas a um ostensivo fracasso diante do avanço do mar.

No sexto capítulo, o desfecho fica claro para todos quando a popa do Titanic se ergue fora da água antes do mergulho final. Mais uma vez, Lord usa uma imagem surpreendentemente delicada para sublinhar o horror. "Nos botes, eles mal podiam acreditar nos próprios olhos. Por mais de duas horas tinham visto, esperando sem esperança, o Titanic afundar cada vez mais. Quando a água atingiu as luzes de bordo vermelha e verde, souberam que o fim estava próximo... Entretanto, ninguém sonhara que seria daquela maneira – o barulho sobrenatural, o casco negro virado em noventa graus, o pano de fundo de cartão de Natal com estrelas brilhantes."

Só depois que o navio afunda Lord sai da narrativa pela primeira vez para descrever as implicações sociais e culturais do desastre. Segundo ele, a perda do Titanic foi "o fim de um sentimento geral de confiança. Até então, os homens sentiam que tinham encontrado a resposta para uma vida civilizada estável, ordenada. [...] O Titanic acordou-os. Nunca mais ficariam tão seguros de si mesmos". Se Lord tivesse feito essa afirmação no início ou no final do livro, teria sido fácil acusá-lo de dar demasiada importância ao desastre. Porém, no rescaldo imediato e assombroso do naufrágio, podemos levá-lo ao pé da letra.

O que se segue talvez seja a parte mais perturbadora de *Uma noite fatídica*. Os passageiros dos botes estão aturdidos e com medo, ouvindo os gritos desesperados das centenas de pessoas que morrem no mar enquanto o Californian, como sempre, está parado a dez milhas dali. Nessa cena quase insuportável de angústia e desespero, Lord insere o equivalente marítimo de uma carga de cavalaria: a louca arrancada do navio de resgate Carpathia através do Atlântico Norte coalhado de icebergs. Depois de toda a consternação, perda e desventura, é um imenso alívio encontrar um navio e um capitão com um propósito e um plano, mesmo que fadados a chegar tarde demais.

Minha sequência favorita é a que fala do impulsivo quinto oficial do Titanic, Godfrey Harold Lowe, no bote salva-vidas 14. Lowe é o único a voltar aos destroços para procurar sobreviventes. Também é o único oficial que sabe o que fazer com o mastro e as velas que se encontram no centro de cada um dos botes. Enquanto os outros remam pesarosa e laboriosamente em direção ao Carpathia, Lowe – remanescente de uma era anterior, mais simples – iça as velas. "Os anos passados singrando o vento ao longo da Costa do Ouro estavam agora sendo compensados à medida que ele bordejava habilmente para a frente e para trás. A proa cortava as ondas e os borrifos de água cintilavam ao sol da manhã enquanto o bote 14 avançava a quatro nós." Lowe resgata um grupo de sobreviventes de pé, com água até os joelhos, em um bote desmontável inundado e depois reboca outro barco para um lugar seguro. Em vez de demorar-se na enorme perda de vidas (mais de 1.500 mortos), Lord dirige nossa atenção para os sobreviventes, especialmente aqueles que, como Lowe, seguiram em frente com bravura.

Em última instância, *Uma noite fatídica* não trata do naufrágio de um navio; como insiste Lord nos agradecimentos: "Na verdade, este livro trata da última noite de uma pequena cidade". É, portanto, apropriado que ele encerre a obra com um retrato da comunidade dos sobreviventes do Titanic que veio a conhecer. "Antes de mais nada, eles têm uma aparência esplêndida", garante. "É quase como se, depois de passar por aquela suprema provação, tivessem superado tudo facilmente, envelhecendo, agora, com uma graça calma, tranquila." Como testemunho do impacto humano do desastre do Titanic, Lord tornou-se parte da própria narrativa.

Da primeira à última página, *Uma noite fatídica* versa sobre as pessoas que habitaram brevemente o Titanic, e nenhum outro autor terá a oportunidade de falar com tantas delas. Por essa razão tão essencial, o livro de Lord nunca poderá ser superado, o que faz de *Uma noite fatídica* o relato definitivo dos sobreviventes.

Nathaniel Philbrick (1956), escritor americano, é autor de, entre outros, In the heart of the sea: the tragedy of the Whaleship Essex *(2000, vencedor do National Book Award no mesmo ano),* Mayflower: a story of courage, community, and war *(2007) e* Why read Moby-Dick *(2011).*

Obras consultadas

BIEL, Steven. *Down with the Old Canoe: A Cultural History of the Titanic Disaster.* Nova York: W. W. Norton and Company, 1997.

BROAD, William. "U.S. Signs Agreement to Protect Wreck of the Titanic". *The New York Times*, 19/6/2004.

KREBS, Albin. "Obituary: Walter Lord, 84". *The New York Times*, 22/5/2002.

LORD, Walter. *The Night Lives On.* Nova York: Morrow, 1986.

Uma noite fatídica

Para minha mãe

Prefácio

Em 1898, um escritor desconhecido chamado Morgan Robertson criou um romance sobre um transatlântico fabuloso, muito maior do que qualquer outro já construído. Robertson encheu esse navio com pessoas ricas e complacentes, e então o afundou em uma noite fria de abril, fazendo-o colidir com um iceberg. Isso de certa maneira mostrava a futilidade de tudo, e, com efeito, o livro recebeu o título *Futilidade* quando foi publicado naquele ano pela empresa de M. F. Mansfield.

Catorze anos mais tarde, a companhia de navegação britânica White Star Line construiu um vapor notavelmente parecido com o do romance de Robertson. O novo transatlântico tinha 66 mil toneladas de deslocamento; o de Robertson, 70 mil. O navio real media 269 metros de comprimento; o ficcional, 244. Os dois dispunham de hélices triplos e podiam alcançar de 24 a 25 nós. Ambos possuíam capacidade para cerca de 3 mil pessoas e botes salva-vidas suficientes apenas para uma fração desse número. Isso, porém, não parecia ter importância, porque os dois navios foram rotulados como "inafundáveis".

Em 10 de abril de 1912, o transatlântico real zarpou de Southampton em sua viagem inaugural a Nova York. Trazia a bordo um exemplar de valor incalculável do *Rubaiyat*, de Omar Khayyam, e um grupo de passageiros cuja fortuna conjunta chegava a 250 milhões de dólares. No caminho, também atingiu um iceberg e afundou em uma noite fria de abril.

Robertson chamou o seu navio de Titan; a White Star Line batizou o dela de Titanic. Esta é a história de sua última noite.

PLANTA DO CONVÉS PRINCIPAL DO RMS TITANIC

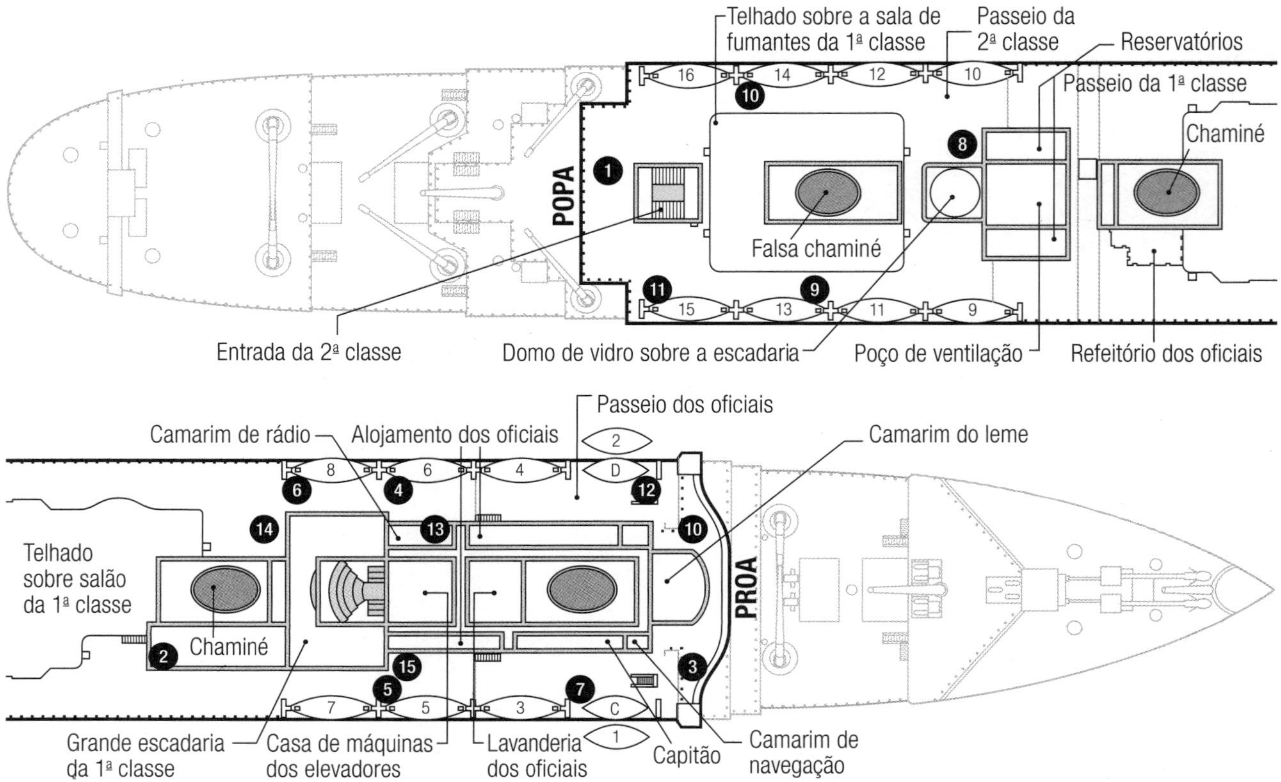

HORA E LUGAR DE ALGUNS EVENTOS DURANTE O NAUFRÁGIO

1. 0h00 Lawrence Beesley nota que o convés começou a inclinar-se.
2. 0h30 John Jacob Astor corta um colete salva-vidas para mostrar à esposa o que há dentro dele.
3. 0h45 O primeiro foguete é disparado.
4. 0h55 O major Peuchen prova que um barqueiro pode ser um marinheiro.
5. 0h55 O quinto oficial Lowe repreende o chefe da empresa de navegação.
6. 1h10 A sra. Isidor Straus recusa-se a deixar o marido.
7. 1h15 "Se estão mandando os botes embora, podiam também pôr gente neles."
8. 1h20 Ben Guggenheim aparece vestido em trajes de noite para ir a pique como um cavalheiro.
9. 1h25 O garçom Ray lembra-se de que convenceu uma família a viajar no Titanic.
10. 1h30 O quinto oficial Lowe precisa usar a arma.
11. 1h35 O primeiro oficial Murdoch evita que o bote 15 seja tomado de assalto.
12. 2h05 Edith Evans cede o seu lugar para salvar uma mulher casada e com filhos.
13. 2h10 O colete salva-vidas do operador de rádio Phillips quase é roubado.
14. 2h15 A banda toca "Outono".
15. 2h18 O coronel Gracie lembra-se de um truque que aprendeu na praia.

PLANTA DO CONVÉS INFERIOR DO RMS TITANIC

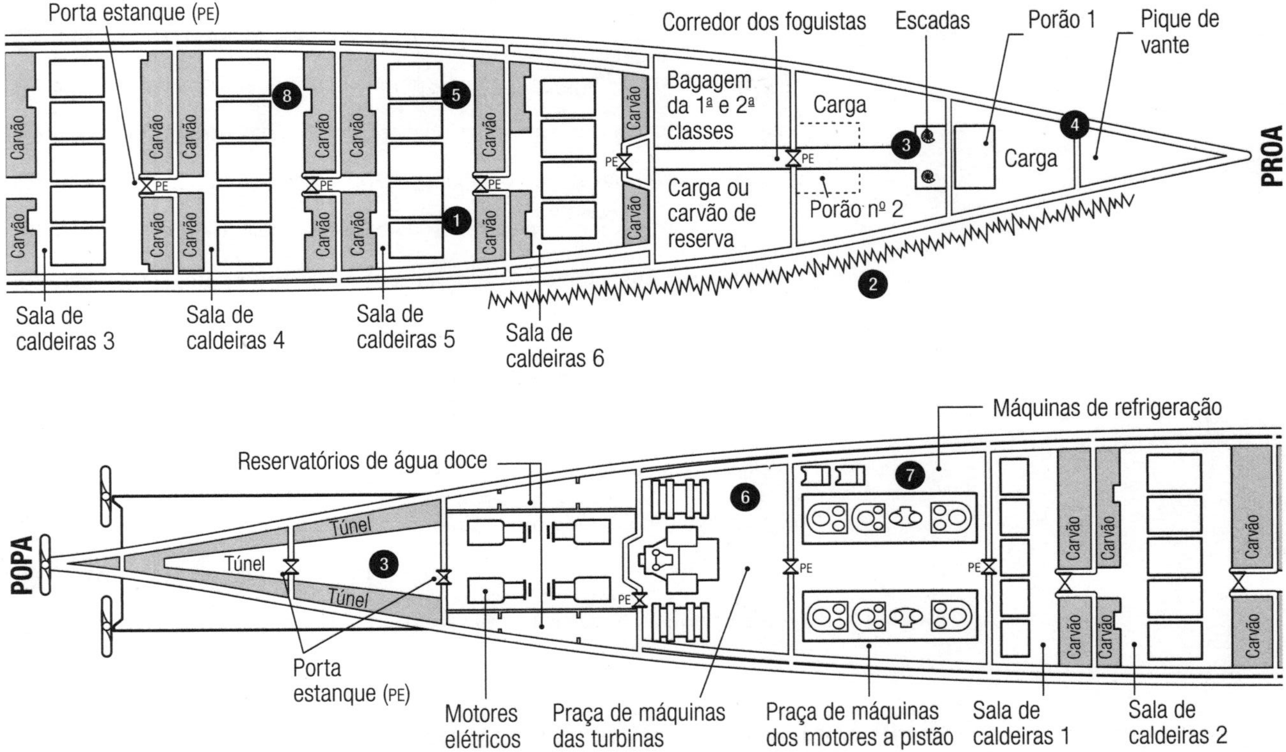

HORA E LUGAR DE ALGUNS EVENTOS DURANTE O NAUFRÁGIO

1. 23h40 O maquinista Hesketh e o foguista Barrett precisam saltar por uma porta estanque.
2. 23h40 O iceberg abre uma fenda de noventa metros, inundando os seis primeiros compartimentos estanques.
3. 23h50 A água atinge a base das escadas em espiral.
4. 23h50 A água entra com tanta rapidez que o ar que escapa abre a tampa do porão e sai assobiando dos tanques do pique de vante.
5. 0h45 O maquinista Shepherd quebra a perna.
6. 0h45 O graxeiro Alfred White faz um pouco de café.
7. 1h00 O graxeiro Thomas Ranger desliga 45 ventiladores.
8. 1h20 O mar jorra sobre o carvoeiro George Cavell.

LATINSTOCK/© BETTMANN/CORBIS/CORBIS (DC)

O Titanic deixa Southampton, na Inglaterra, em 10 de abril de 1912, para sua viagem inaugural

"Mais uma viagem para Belfast"

Do alto da gávea do Titanic, o novo transatlântico da White Star, o vigia Frederick Fleet esquadrinhava uma noite deslumbrante. O tempo estava calmo, claro e extremamente frio. Não havia lua, mas o céu sem nuvens era um incêndio de estrelas. O Atlântico parecia vidro polido; mais tarde, houve quem dissesse que nunca o tinha visto tão liso.

Era a quinta noite da viagem inaugural a Nova York do Titanic, e já estava evidente que o navio era não só o maior, como também o mais glamoroso do mundo. Até os cães dos passageiros eram glamorosos. John Jacob Astor tinha trazido Kitty, sua cadela airedale. Henry Sleeper Harper, da família proprietária de editoras, estava com seu premiado pequinês Sun Yat-sen. Robert W. Daniel, banqueiro da Filadélfia, levava para casa um buldogue francês campeão que acabara de comprar na Grã-Bretanha. Clarence Moore, de Washington, também tinha adquirido cães, cinquenta pares de sabujos ingleses para caçar na Loudoun Hunt, que, no entanto, não estavam na viagem.

Tudo aquilo era outro mundo para Frederick Fleet. Ele era um dos seis vigias do Titanic, e os vigias não se ocupavam dos problemas dos passageiros. Eram os "olhos do navio", e, naquela noite especial, Fleet tinha sido avisado para prestar especial atenção aos icebergs.

Até então, tudo bem. De plantão às dez horas... algumas palavras sobre o problema do gelo com o vigia Reginald Lee, seu companheiro de guarda... outras sobre o frio... mas principalmente só silêncio, enquanto os dois homens olhavam para a escuridão.

Agora a guarda estava quase no fim, e nada fora do comum acontecera. Apenas a noite, as estrelas, o frio cortante, o vento que assobiava por entre o cordame do Titanic, que cortava o mar calmo e negro a 22,5 nós. Eram quase 23h40 de domingo, 14 de abril de 1912.

De repente, Fleet avistou algo bem à frente, ainda mais escuro do que a escuridão. No início, era pequeno (mais ou menos do tamanho de duas mesas juntas, pensou ele), mas a cada segundo ficava maior e mais próximo. Rapidamente, Fleet tocou o sino da gávea três vezes, aviso de perigo adiante. Ao mesmo tempo, pegou o telefone e ligou para o passadiço.

– O que você avistou? – perguntou uma voz calma na outra ponta.

– Iceberg logo à frente – respondeu Fleet.

– Obrigado – agradeceu a voz, com uma curiosa cortesia distante. Nada mais foi dito.

Pelos 37 segundos seguintes, Fleet e Lee ficaram calmamente lado a lado, vendo o gelo aproximar-se. Estavam prestes a tocá-lo, e o navio ainda não tinha virado. O iceberg erguia-se molhado e brilhante muito acima do convés do castelo de proa, e os dois homens prepararam-se para o choque. Então, milagrosamente, a proa começou a virar para bombordo. No último segundo, o talha-mar apontou para o vazio e o gelo deslizou rapidamente a estibordo. Para Fleet, pareceu que tinham passado muito rente.

Nesse momento, o contramestre George Thomas Rowe estava de guarda no passadiço a ré. Também para ele a noite tinha sido rotineira – apenas o mar, as estrelas, o frio cortante. Percorrendo o convés, notou o que ele e seus companheiros chamavam de "pelos na luz", pequenas lascas de gelo no ar, finas como poeira, que lançavam miríades de cores brilhantes sempre que atravessavam o fulgor das luzes do convés.

Então, de repente, sentiu um movimento estranho romper o ritmo constante dos motores. Foi um pouco como esbarrar com força no muro de um cais. Olhou para a frente – e olhou de novo. Um veleiro, com as velas içadas, parecia estar passando a estibordo. Então, percebeu que era um iceberg, elevando-se, talvez, a trinta metros da superfície. No instante seguinte, tinha sumido, flutuando na direção da popa pela escuridão adentro.

Enquanto isso, embaixo, no salão de jantar da primeira classe no convés D, outros quatro membros da tripulação do Titanic estavam sentados em torno de uma das mesas. Fazia muito tempo que o último comensal tinha partido, e agora o grande salão branco em estilo Jaime I estava vazio, exceto por aquele grupo. Eram garçons, que se distraíam com o tradicional passatempo de todos os garçons de folga: fofocar sobre os passageiros.

Então, estavam ali papeando quando um vago ruído de trituração pareceu vir de algum lugar das entranhas do navio. Não era grande coisa, mas foi o bastante para interromper a conversa e chacoalhar os talheres nas mesas postas para o café da manhã do dia seguinte.

O garçom James Johnson tinha certeza do que era. Reconheceu o tipo de tremor que um navio dá quando perde uma pá de hélice, e sabia que esse tipo de acidente significava uma viagem de volta ao estaleiro da Harland & Wolff em Belfast – com bastante tempo livre para desfrutar a hospitalidade do porto. Alguém perto dele concordou e cantarolou alegremente:

– Mais uma viagem para Belfast!

Na cozinha, logo mais a ré, o padeiro-chefe do turno da noite, Walter Belford, estava fazendo pães para o dia seguinte. (A honra de preparar a confeitaria sofisticada estava reservada para o turno do dia.) Quando veio o choque, Belford ficou mais impressionado do que Johnson, talvez porque uma bandeja caiu de cima do forno e espalhou os pães recém-assados pelo chão.

Em seus camarotes, os passageiros também sentiram o solavanco e tentaram associá-lo a algo conhecido. Marguerite Frolicher, uma jovem suíça que acompanhava o pai em uma viagem de negócios, acordou assustada. Meio adormecida, só conseguia pensar nas pequenas balsas brancas nos lagos de Zurique fazendo uma atracação desastrada. Disse baixinho a si mesma:

– Que engraçado... estamos atracando!

O major Arthur Godfrey Peuchen, começando a despir-se para dormir, pensou que fosse uma onda pesada batendo no navio. A sra. J. Stuart White estava sentada na beira da cama, estendendo a mão para apagar a luz, quando o navio pareceu "rolar sobre mil bolas de gude". Lady Cosmo Duff Gordon, acordada pelo tranco, teve a impressão de "que alguém tinha passado um dedo gigante pelo costado do navio". A sra. John Jacob Astor pensou que tivesse sido algum acidente na cozinha.

O choque pareceu mais forte para alguns do que para outros. A sra. Albert Caldwell imaginou um grande cão sacudindo um gatinho na boca. A sra. Walter B. Stephenson lembrou-se do primeiro abalo ameaçador que sentira durante o terremoto de San Francisco e depois concluiu que não era assim tão ruim. A sra. E. D. Appleton não sentiu o choque, mas ouviu um som desagradável de rasgão... como se alguém partisse pela metade uma longa tira de chita.

O solavanco teve mais sentido para J. Bruce Ismay, diretor-executivo da White Star Line, que, em um clima festivo, pegara carona na primeira viagem do Titanic. Ismay acordou sobressaltado em sua luxuosa suíte no convés B, com a certeza de que o navio tinha batido em alguma coisa, mas não sabia em quê.

Alguns passageiros já sabiam a resposta. Os jovens sr. e sra. George A. Harder, em lua de mel no camarote E-50, ainda estavam acordados quando ouviram um golpe surdo. Então, sentiram o navio estremecer, e houve "uma espécie de barulho retumbante, de raspagem" ao longo do costado do navio. George Harder pulou da cama e correu para a vigia. Quando olhou pelo vidro, viu uma parede de gelo deslizando.

A mesma coisa aconteceu com James B. McGough, comprador da Gimbels da Filadélfia, só que sua experiência foi um pouco mais inquietante. A vigia do camarote dele estava aberta, e, quando o iceberg passou raspando, pedaços de gelo caíram dentro da cabine.

Tal como McGough, a maioria dos passageiros do Titanic estava na cama na hora do choque. Naquela noite quieta e fria de domingo, uma cama aconchegante parecia ser o melhor lugar para estar. No entanto, os mais resistentes ainda estavam acordados. Como de costume, a maior parte deles estava na sala de fumantes da primeira classe, no convés A.

E, como de costume, era um grupo muito diversificado. Em torno de uma mesa estavam Archie Butt, assessor militar do presidente Taft; Clarence Moore, adestrador de cães de caça viajante; Harry Widener, filho do magnata dos bondes da Filadélfia; e William Carter, outro magnata ferroviário. Haviam acabado de compartilhar um pequeno jantar oferecido pelo pai de Widener em homenagem ao capitão Edward J. Smith, comandante do navio. O capitão saíra cedo, as senhoras foram mandadas para a cama, e agora os homens desfrutavam um último charuto antes de se retirar também. A conversa ia da política às aventuras de Clarence Moore na Virgínia Ocidental, onde tinha ajudado a entrevistar o velho montanhista encrenqueiro Anse Hatfield.

Enterrado em uma poltrona de couro ali perto, Spencer V. Silverthorne, jovem comprador da loja de departamentos Nugent's, de St. Louis, folheava um novo *best-seller, The Virginian*. Não muito longe, Lucien P. Smith (mais um da Filadélfia) debatia-se corajosamente com os problemas linguísticos de um jogo de *bridge* com três franceses.

Em outra mesa, um grupo de jovens jogava uma partida um tanto mais ruidosa de *bridge*. Normalmente, eles preferiam o Café Parisien, mais animado, logo abaixo, no convés B, e no início daquela noite isso não tinha sido exceção. Mas ficou tão frio que, por volta das 23h30, as moças foram para a cama, e os rapazes, para a sala de fumantes tomar uma última bebida. A maioria continuou fiel ao uísque com soda; Hugh Woolner, filho do escultor inglês Thomas Woolner, tomou uísque com água; o tenente Hokan Bjornström Steffanson, adido militar sueco a caminho de Washington, preferiu *hot lemonade*.

Alguém apareceu com um baralho e, quando estavam jogando e rindo, ouviram de repente aquele barulho de trituração. Não foi tão forte como o choque, mas bastou para sobressaltar uma pessoa – o sr. Silverthorne ainda se endireita na poltrona quando conta a história. Em um instante o garçom e o sr. Silverthorne estavam em pé... passaram pela porta de trás... atravessaram o salão da Palm Court... e saíram para o convés. Chegaram justo a tempo de ver o iceberg raspando no costado a estibordo, um pouco mais alto que o convés principal. Enquanto o iceberg deslizava, viram pedaços de gelo quebrando e caindo na água. Em mais um instante, ele desapareceu na escuridão à popa.

Outras pessoas da sala de fumantes começaram a sair nesse momento. Quando Hugh Woolner chegou ao convés, ouviu um homem gritar:

– Batemos em um iceberg. Lá está ele!

Woolner forçou o olhar para penetrar a noite. A uns 150 metros da popa, percebeu uma montanha de gelo recortada em negro contra o céu estrelado. Em seguida, ela desapareceu na escuridão.

A excitação também se foi logo. O Titanic parecia tão sólido como sempre, e além disso estava frio demais para ficar fora por mais tempo. Lentamente, o grupo voltou para dentro. Woolner pegou as suas cartas e a partida de *bridge* continuou. O último homem a entrar pensou, quando bateu a porta do convés, que os motores estavam parando.

Estava certo. No passadiço, o primeiro oficial William M. Murdoch tinha acabado de puxar a alavanca do telégrafo de manobras até "Parar". Ele estava encarregado do passadiço naquele turno, e o problema era seu desde que Fleet telefonara dando o aviso. Um minuto tenso tinha se passado – ordens ao contramestre Hitchens para virar o timão todo a estibordo... um puxão no controle da praça de máquinas para "Toda força a ré"... um apertão no botão de fechar as portas estanques... e finalmente os 37 segundos esperando sem respirar.

Agora a espera tinha acabado, e não havia dúvida de que era tarde demais. Quando o barulho de trituração parou, o capitão Smith correu de sua cabine ao lado do camarim do leme para o passadiço. Houve uma rápida troca de palavras:

– Sr. Murdoch, o que foi isso?

– Um iceberg, senhor. Virei tudo a estibordo e inverti os motores e ia contorná-lo a bombordo, mas estava perto demais. Não pude fazer mais nada.

– Feche as portas de emergência.

– As portas já estão fechadas.

Sim, estavam fechadas. Embaixo, na sala de caldeiras 6, o foguista Fred Barrett conversava com o segundo maquinista assistente James Hesketh quando soou o sino de aviso e a luz vermelha acendeu acima da porta estanque que levava para a popa. Um grito rápido de alerta – um estrondo ensurdecedor – e todo o costado a estibordo pareceu ceder. O mar entrou em cascata, turbilhonando sobre os tubos e as válvulas, e os dois homens saltaram pela porta um segundo antes que ela se fechasse atrás deles.

Barrett viu que as coisas estavam quase tão ruins ali, na sala de caldeiras 5, quanto no lugar de onde acabara de sair. A rachadura tinha pouco mais de meio metro além da porta estanque fechada, e um abundante jato de água do mar jorrava pelo buraco. Ali perto, o carvoeiro George Cavell escapava de uma avalanche de carvão que se tinha derramado de um depósito com o impacto. Outro foguista estudava melancolicamente um prato de sopa virado que ficara aquecendo sobre uma das máquinas.

As outras salas de caldeiras mais a ré estavam secas, mas a cena era praticamente a mesma: homens reerguendo-se, chamando uns aos outros, perguntando o que tinha acontecido. Era difícil descobrir. Até agora o Titanic tinha sido um piquenique. Navio novo em viagem inaugural, tudo a bordo estava limpo. Era, como ainda recorda o foguista George Kemish, "um bom trabalho... não como aqueles a que estávamos acostumados em navios velhos, em que colocávamos as tripas para fora e quase éramos assados pelo calor".

Tudo o que os foguistas tinham de fazer era manter as fornalhas cheias. Não era preciso trabalhar o fogo com espalhadores, picões e ancinhos. Portanto, naquele domingo à noite, os homens estavam relaxando, sentados em baldes e carrinhos de mão de ferro dos carvoeiros, jogando conversa fora, esperando chegar o turno da meia-noite às quatro.

Então, veio aquele baque... o som triturante, dilacerante... o telégrafo de manobras tocando descontrolado... as portas estanques fechando-se com estrépito. A maioria dos homens não podia imaginar o que era – espalhou-se a história de que o Titanic tinha encalhado ao largo dos Bancos da Terra Nova. Muitos deles ainda achavam isso mesmo depois de um carvoeiro chegar correndo e gritar:

– Caramba! Batemos em um iceberg!

A dez milhas* dali, o terceiro oficial Charles Victor Groves estava no passadiço do Californian, da Leyland Line, que ia de Londres a Boston. O navio de 6 mil toneladas era lento, com espaço para 47 passageiros, mas não tinha nenhum naquela viagem. Na noite daquele domingo, estava parado desde as 22h30, completamente bloqueado pelo gelo à deriva.

Por volta das 23h10, Groves notou a estibordo as luzes de outro navio, vindo a toda a velocidade do leste. Enquanto a embarcação ultrapassava rapidamente o imóvel Californian, uma labareda de luzes de convés mostrou-lhe que se tratava de um transatlântico. Em torno das 23h30, ele bateu na porta veneziana do camarim de navegação e informou ao capitão Stanley Lord a presença do outro navio. O capitão sugeriu-lhe que entrasse em contato com o recém-chegado com a lâmpada Morse, e Groves preparou-se para fazer isso.

* Uma milha náutica equivale a 1,85 quilômetro. [N.E.]

Então, às 23h40 aproximadamente, ele viu o grande navio parar de repente e apagar a maioria de suas luzes. Aquilo não o surpreendeu muito. Groves tinha passado algum tempo nas rotas do Extremo Oriente, onde costumavam apagar as luzes de convés à meia-noite para incentivar os passageiros a se recolher. Nunca lhe ocorreu que talvez as luzes ainda estivessem acesas... que apenas pareciam ter-se apagado porque o outro navio não estava mais de costado, mas tinha virado bruscamente a bombordo.

"Estão falando de um iceberg, minha senhora"

Quase como se nada tivesse acontecido, o vigia Fleet retomou sua guarda, a sra. Astor estendeu-se na cama e o tenente Steffanson voltou a sua *hot lemonade*.

A pedido de vários passageiros, James Witter, garçom da sala de fumantes da segunda classe, saiu para investigar o solavanco. Mas os jogadores de duas mesas mal ergueram os olhos. Normalmente, a White Star Line não permitia jogos de cartas aos domingos, e naquela noite os passageiros queriam aproveitar plenamente a inesperada generosidade do maître.

Não havia ninguém na sala de descanso da segunda classe para mandar o bibliotecário descobrir alguma coisa, e, portanto, ele continuou sentado diante de sua mesa, contando tranquilamente os canhotos dos empréstimos do dia.

Nos longos corredores brancos que levavam aos camarotes, ouviam-se apenas os sussurros de pessoas conversando em suas cabines... o barulho distante da porta de alguma despensa batendo... às vezes o passo sem pressa de sapatos de salto alto – enfim, os sons habituais de um transatlântico à noite.

Tudo parecia perfeitamente normal, mas não era bem assim. Em seu camarote no convés B, Jack Thayer, de dezessete anos, tinha acabado de desejar boa noite ao pai e à mãe, o sr. e a sra. John B. Thayer, da Filadélfia. Os Thayers tinham camarotes interligados, um arranjo compatível com a posição do sr. Thayer, segundo vice-presidente da Pennsylvania Railroad. O jovem Jack estava abotoando a camisa do pijama quando o zumbido constante da brisa passando pela vigia meio aberta parou de repente.

No convés de baixo, o sr. e a sra. Henry B. Harris jogavam cartas em seu camarote. O sr. Harris, produtor da Broadway, estava muito cansado, e sua mulher tinha quebrado o braço naquele dia. Havia pouca conversa entre eles. A sra. Harris olhava apaticamente para seus vestidos pendurados nos cabides, balançando com a vibração do navio. De repente, percebeu que eles tinham parado de se mexer.

Mais um convés abaixo, Lawrence Beesley, um jovem professor de ciências no Dulwich College, lia, deitado em sua cama da segunda classe, agradavelmente embalado pelo movimento dançante do colchão. De repente, o colchão ficou imóvel.

O rangido das madeiras, o ritmo distante dos motores, o chocalho constante do domo de vidro do vestíbulo do convés A – todos os sons familiares de bordo sumiram quando o Titanic parou suavemente. Muito mais do que qualquer solavanco, o silêncio agitou os passageiros.

As campainhas dos camareiros começaram a tocar, mas era difícil saber alguma coisa.

– Por que paramos? – perguntou Lawrence Beesley a um camareiro que passava.

– Não sei, senhor – foi a resposta típica –, mas não acho que seja grande coisa.

A sra. Arthur Ryerson, de uma família proprietária de siderúrgicas, teve respostas um pouco melhores.

– Estão falando de um iceberg, minha senhora – explicou o camareiro Bishop. – E pararam para não atropelá-lo.

Com a criada francesa Victorine à espera um pouco atrás, a sra. Ryerson ponderou sobre o que fazer. Pela primeira vez desde o início da viagem, o sr. Ryerson estava dormindo bem, e ela odiava a ideia de ter de acordá-lo. Caminhou até a pesada janela quadrada que abria direto para o mar. Lá fora, viu apenas uma noite calma, bonita. Decidiu deixá-lo dormir.

Outros recusavam-se a deixar as coisas como estavam. Com a curiosidade inquieta que aflige todo mundo a bordo de um navio, alguns passageiros do Titanic começaram a procurar uma resposta.

No camarote C-51, o coronel Archibald Gracie, historiador militar de West Point e com renda independente, vestiu metodicamente as roupas de baixo, as meias longas, as calças, os sapatos e o casaco de Norfolk e subiu bufando ao convés principal. Jack Thayer simplesmente jogou um sobretudo por cima do pijama e saiu, dizendo aos pais que ia "ver a diversão".

No convés principal, havia pouca diversão para ver; também não havia nenhum sinal de perigo. A maior parte dos exploradores perambulava sem rumo ou ficava perto da amurada, procurando na noite vazia alguma pista do problema. O Titanic estava imóvel na água, com três das quatro enormes chaminés soprando vapor com um rugido que abalava a noite tranquila, iluminada pelas estrelas. Fora isso, estava tudo normal. Um casal idoso passeava de braços dados na direção da popa, alheio ao rugido do vapor e aos grupinhos de passageiros que vagavam pelo convés.

Estava tão frio e havia tão pouco a ser visto que a maioria das pessoas voltou para dentro. Ao entrar no magnífico vestíbulo do convés A, encontraram outros passageiros que também tinham se levantado, mas tinham preferido ficar no interior, onde estava quente.

Juntos, formavam uma imagem curiosa. Seu vestuário era uma estranha mistura de roupões de banho, trajes de noite, casacos de pele, suéteres de gola olímpica. O ambiente era também incongruente: o enorme domo de vidro acima... os solenes lambris de carvalho... as magníficas balaustradas com suas volutas de ferro forjado... e, olhando do alto para todos eles, um incrível relógio de parede adornado com duas ninfas de bronze, simbolizando a Honra e a Glória coroando o Tempo.

– Ah, daqui a algumas horas estaremos a caminho de novo – explicou vagamente um camareiro ao passageiro da primeira classe George Harder.

– Parece que perdemos um hélice, mas isso vai nos dar mais tempo para o *bridge* – disse Howard Case, gerente em Londres da Vaccum Oil, a Fred Seward, advogado de Nova York.

Talvez o sr. Case tivesse obtido sua teoria do garçom Johnson, que ainda contemplava uma permanência em Belfast. Em qualquer caso, a essa altura a maioria dos passageiros tinha informações mais consistentes.

– O que você acha? – perguntou Harvey Collyer à esposa ao retornar ao camarote depois de uma volta pelo convés. –

Batemos em um iceberg, dos grandes, mas não há nenhum perigo. Um oficial me disse!

Os Collyers estavam na segunda classe, viajando da Grã-Bretanha para uma fazenda de frutas recém-comprada em Fayette Valley, Idaho. Eram novatos no Atlântico e talvez a notícia tivesse despertado completamente a sra. Collyer se o jantar daquela noite não houvesse sido tão farto. Por isso, só perguntou ao marido se alguém parecia assustado e, quando ele disse que não, deitou-se novamente.

John Jacob Astor também se mostrava imperturbável. Descendo de volta a sua suíte depois de investigar, explicou à mulher que o navio tinha batido em gelo, mas que aparentemente não era grave. Ele estava muito calmo, e a sra. Astor não ficou nem um pouco alarmada.

– O que estão dizendo que é o problema? – perguntou William T. Stead, importante líder espiritualista, reformador, evangelista e editor britânico. Individualista profissional, parecia quase ter planejado chegar ao convés depois dos outros.

– Icebergs – explicou brevemente Frank Millet, o ilustre pintor americano.

– Bem – disse Stead, dando de ombros –, acho que não é nada grave. Vou voltar a minha cabine para ler.

O sr. e a sra. Dickinson Bishop, de Dowagiac, Michigan, tiveram a mesma reação. Um garçom de convés assegurou-lhes:

– Só batemos em um pequeno pedaço de gelo e passamos por ele.

O casal, então, retornou ao camarote e despiu-se de novo para dormir. O sr. Bishop pegou um livro e começou a ler, mas logo foi interrompido por uma batida na porta. Era o sr. Albert A. Stewart, um velho cavalheiro exuberante que tinha grande participação nos negócios do circo Barnum & Bailey.

– Saia daí e divirta-se!

Outros tiveram a mesma ideia. Peter Daly, passageiro da primeira classe, ouviu uma moça dizer a outra:

– Venha, vamos ver o iceberg; nunca vi um!

E, na sala de fumantes da segunda classe, alguém perguntou de brincadeira se dava para pôr um pouco de gelo de iceberg em seu uísque com soda.

Na verdade, dava. Quando o Titanic raspou no iceberg, várias toneladas de gelo desmoronaram para o convés do poço a estibordo, bem em frente ao traquete. Esse era o espaço de recreação da terceira classe, e o gelo foi logo descoberto pelos passageiros, que saíram para investigar. Da janela de sua cabine no convés B, a sra. Natalie Wick via-os brincando, jogando pedaços de gelo uns nos outros.

O gelo logo se tornou atração turística. O major Arthur Godfrey Peuchen, químico industrial de meia-idade de Toronto, aproveitou a oportunidade para abordar um compatriota mais ilustre, Charles M. Hays, presidente da Grand Trunk Railroad.

– Sr. Hays! – gritou. – O senhor já viu o gelo?

Quando o sr. Hays respondeu que não, Peuchen emendou:

– Se quiser ver, levo-o ao convés e lhe mostro.

Foram, então, até a vante do convés A e ficaram olhando para a galhofa lá embaixo.

A posse do gelo não permaneceu como monopólio da terceira classe por muito tempo. Quando estava no vestíbulo do convés A, o coronel Gracie levou um tapinha no ombro de Clinch Smith, uma figura da sociedade de Nova York cujas experiências incluíam estar sentado à mesa de Stanford White na noite em que este foi baleado por Harry K. Thaw.*

– O senhor gostaria – perguntou Smith – de uma lembrança para levar a Nova York? – E abriu a mão para mostrar um pequeno gelo, achatado como um relógio de bolso.

O mesmo instinto de colecionador contagiou outros. O marinheiro de convés John Poingdestre pegou um pedaço e foi mostrá-lo no refeitório da tripulação. Um passageiro da terceira classe presenteou o quarto oficial Boxhall com uma pedra do tamanho de uma bacia pequena. O graxeiro Walter Hurst estava deitado, meio adormecido, no beliche, quando seu sogro, com quem dividia as acomodações, chegou e jogou um fragmento de gelo perto dele. Um homem entrou no alojamento dos garçons exibindo um pedaço quase do tamanho de uma xícara de chá e disse ao garçom F. Dent Ray:

– Há toneladas de gelo na frente!

– Ah – bocejou Ray –, isso não faz mal. – E preparou-se para voltar a dormir.

Um pouco mais curioso, o camareiro da primeira classe Henry Samuel Etches, de folga no momento do acidente, andava para vante pelo corredor do convés E para investigar quando deparou com um passageiro da terceira classe, vindo na

* O assassinato do renomado arquiteto Stanford White, em 1906, pelo milionário Harry Kendall Thaw abalou a sociedade americana. White tivera um caso com a mulher de Thaw, a atriz Evelyn Nesbit, antes de ela se casar. [N.E.]

outra direção. Antes que Etches pudesse dizer alguma coisa, o passageiro, como se o confrontasse com provas irrefutáveis de algo em disputa, jogou um bloco de gelo no convés e gritou:

– *Agora* você acredita?

Logo haveria indícios mais inquietantes de que nem tudo estava como deveria. Às 23h50, dez minutos após a colisão, coisas estranhas podiam ser vistas e ouvidas nos seis primeiros dos dezesseis compartimentos estanques do Titanic.

O carvoeiro Samuel Hemming, aproveitando a folga no beliche, ouviu um curioso som sibilante vindo do pique de vante, o compartimento mais próximo da proa. Saltou da cama, foi o mais para a frente que pôde e descobriu que era ar escapando do armário do pique de vante onde eram guardadas as correntes de ancoragem. Pela parte de baixo, a água estava entrando tão rápido que o ar saía sob enorme pressão.

No compartimento seguinte a ré, onde ficavam o alojamento dos foguistas e o porão de carga 1, o foguista-chefe Charles Hendrickson também foi despertado por um som curioso. Mas ali não era ar, e sim água. Quando olhou para baixo pela escada em espiral que levava para o corredor entre o alojamento dos foguistas e as salas de caldeiras, ele viu água do mar girando junto à base dos degraus em grade de ferro fundido.

O passageiro da terceira classe Carl Johnson teve uma experiência ainda mais perturbadora no terceiro compartimento a ré. Lá ficavam as acomodações de passageiros mais baratas de todas – na parte mais baixa e mais próxima da proa do navio. Quando Johnson se levantou para ver o que estava causando uma leve comoção fora da cabine, escoou água por baixo da porta e em volta dos pés dele. Decidiu vestir-se e, quando terminou, a água já lhe cobria os sapatos. Com um interesse desapegado, quase clínico, observou que a água parecia estar no mesmo nível por todo o piso. Ali perto, Daniel Buckley, também passageiro da terceira classe, foi um pouco mais lento para reagir, e, quando finalmente pulou do beliche, a água ultrapassou seus tornozelos.

Cinco agentes postais que trabalhavam no quarto compartimento ficaram muito mais molhados. A sala de correio do Titanic ocupava dois níveis de convés: a correspondência era guardada, com a bagagem da primeira classe, no convés de cobertura e classificada logo acima, no convés G. Os dois níveis eram ligados por uma larga escada de ferro, que continuava subindo até o convés F e o restante do navio. Em cinco minutos, a água atingia os joelhos dos agentes postais, enquanto eles arrastavam duzentos sacos de correio registrado até a escada para a sala de triagem, mais seca.

Eles podiam ter-se poupado: cinco minutos depois, a água alcançava o topo da escada e passava para o convés G. Os agentes abandonaram a sala de correio e subiram pela escada até o convés F.

No topo da escada, encontraram um casal olhando para eles do alto. O sr. e a sra. Norman Campbell Chambers, de Nova York, tinham sido atraídos pelo barulho quando retornavam ao camarote depois de uma ida infrutífera ao convés de passeio. Os Chambers e os agentes postais ficaram assistindo à cena, fazendo piadas sobre a bagagem encharcada e imaginando o que poderia haver nas cartas que boiavam pela sala de correio abandonada.

Outros se juntavam a eles brevemente: o quarto oficial Boxhall... o segundo camareiro assistente Wheat... até o capitão Smith. Mas em nenhum momento os Chambers acreditaram que qualquer coisa do que viam ali fosse de fato perigosa.

O quinto compartimento estanque a partir da proa abrigava a sala de caldeiras 6. Foi nela que o foguista Barrett e o segundo maquinista assistente Hesketh saltaram pela porta estanque um segundo antes de ela se fechar após a colisão. Outros não conseguiram e treparam pela escada de escape que subia serpenteante acima da linha da água. Alguns ficaram, e depois de um tempo outros voltaram a descer.

Gritos de "Fechem os registros!" e, em seguida, "Apaguem as fornalhas!" vieram de algum lugar. O foguista George Beauchamp trabalhava febrilmente enquanto a água entrava pela porta e através das placas do piso. Em cinco minutos, havia atingido sua cintura, negra e viscosa com graxa das máquinas. O vapor tornava o ar pesado. Beauchamp nunca soube quem gritou as bem-vindas palavras "Já chega!". Estava aliviado demais para importar-se enquanto subia a escada às pressas pela última vez.

Um pouco mais a ré, o segundo maquinista assistente Hesketh, agora no lado seco da porta estanque, lutava para trazer a sala de caldeiras 5 de volta ao normal. O mar continuava jorrando pela rachadura de mais de meio metro perto da porta fechada, mas os maquinistas assistentes Harvey e Wilson tinham posto para funcionar uma bomba que estava dando conta de controlar a água.

Por alguns momentos, os foguistas ficaram por ali à toa, vendo os maquinistas montarem as bombas; depois, alguém telefonou da praça de máquinas pedindo que fossem para o convés principal. Subiram pela escada de escape, mas vieram ordens do passadiço para que descessem de novo, e por um tempo eles rodaram pela galeria do convés E – sem subir nem descer – emaranhados na burocracia de um navio enorme e perguntando-se o que fazer em seguida.

Enquanto isso, as luzes se apagaram na sala de caldeiras 5. O maquinista Harvey ordenou ao foguista Barrett, que tinha ficado para trás, que fosse buscar lanternas na praça de máquinas. As portas de ligação estavam todas fechadas, e Barrett teve de subir até o topo da escada de escape, atravessar e descer pelo outro lado. Quando terminou de retraçar a mesma rota, os maquinistas tinham religado as luzes e as lanternas não eram mais necessárias.

Em seguida, Harvey mandou Barrett apagar as caldeiras – a pressão, acumulada enquanto o navio se encontrava a todo vapor, estava agora levantando as válvulas de segurança e estourando as juntas. Barrett subiu novamente pela escada e recrutou os quinze ou vinte foguistas que vagavam pelo convés E. Todos voltaram correndo para baixo e começaram a apagar as fornalhas. Conter as caldeiras e colocar registros para deter o acúmulo de vapor era extenuante. O foguista Kemish ainda se lembra com emoção: "Foi um inferno apagar todo aquele fogo...".

Nuvens de vapor tomavam a sala de caldeiras e os homens suavam. Aos poucos, porém, as coisas foram voltando ao normal. As luzes brilhavam, o lugar estava livre de água e, pelo menos ali, tudo parecia sob controle. Havia um clima de alegre confiança quando correu a notícia de que os homens do turno da meia-noite às quatro estavam arrastando as camas para o convés de recreação porque seus alojamentos estavam inundados. Os homens do turno das oito à meia-noite fizeram uma pausa no trabalho, acharam que era uma grande piada e deram uma boa risada.

No passadiço, o capitão Smith tentava montar os fragmentos do quebra-cabeça. Ninguém estava mais bem equipado para fazer aquilo. Após 38 anos de serviço na White Star, ele era mais do que um capitão veterano da linha de navegação; era um patriarca barbudo, adorado tanto pelos tripulantes como pelos passageiros. Gostavam de tudo nele, especialmente da maravilhosa combinação de firmeza e delicadeza. Isso ficava bastante evidente na questão dos charutos. "Os charutos", diz sua filha, "eram seu prazer. E uma pessoa só podia ficar no mesmo cômodo que ele se permanecesse absolutamente imóvel, para que a nuvem azul sobre sua cabeça não se mexesse."

O capitão Smith era um líder nato e, quando chegou ao camarim do leme após o acidente, parou na ala a estibordo do passadiço apenas o tempo necessário para ver se o iceberg ainda estava à vista. O primeiro oficial Murdoch e o quarto oficial Boxhall o acompanharam, e por um momento os três ficaram simplesmente perscrutando a escuridão. Boxhall pensou ter visto uma forma escura distante a ré, mas não teve certeza.

Dali em diante, o trabalho não parou. O capitão Smith mandou Boxhall fazer uma rápida inspeção pelo navio. Em poucos minutos, Boxhall estava de volta: fora o mais longe possível e não havia sinal de danos. Essa foi a última boa notícia que o capitão ouviu naquela noite.

Ainda preocupado, ordenou a Boxhall:

– Desça, encontre o carpinteiro e diga-lhe que inspecione o navio.

Boxhall não tinha nem descido a escada do passadiço quando esbarrou com o carpinteiro J. Hutchinson, que subia às pressas. Abrindo caminho com o cotovelo, Hutchinson disse, ofegante:

– Estamos fazendo água rapidamente!

Logo atrás dele vinha o agente postal Iago Smith. Também ele foi aos empurrões até o passadiço, exclamando ao passar:

– A sala de correio está enchendo muito depressa!

O próximo a chegar foi Bruce Ismay. Vestindo um terno por cima do pijama e calçando pantufas, subiu ao passadiço para saber se estava acontecendo alguma coisa que o diretor-executivo da linha devesse saber. O capitão Smith contou-lhe sobre o iceberg. Ismay então perguntou:

– Você acha que o navio está seriamente danificado?

Depois de uma pausa, o capitão respondeu lentamente:

– Temo que sim.

Eles logo teriam certeza. Uma chamada tinha sido enviada para Thomas Andrews, diretor do estaleiro Harland & Wolff. Como construtor do Titanic, Andrews estava fazendo a viagem inaugural para corrigir eventuais defeitos do navio. Se alguém podia avaliar a situação, era ele.

Ele era de fato uma figura singular. Como construtor do navio, Andrews conhecia cada detalhe do Titanic. Mas havia muito mais a favor dessa figura notável. Nada era grande ou pequeno demais para a sua atenção. Ele parecia até ser capaz de prever como o navio reagiria a qualquer situação. Entendia de navios como alguns homens entendem de cavalos.

E entendia igualmente bem as pessoas que trabalhavam em navios. Todas elas traziam a Andrews seus problemas. Uma noite, podia ser o primeiro oficial Murdoch, preocupado porque tinha sido posto de lado pelo oficial-chefe Wilde; em outra, duas camareiras discutindo, as quais viam em Andrews uma espécie de supremo tribunal. Naquela mesma noite, o padeiro-chefe Charles Joughin tinha assado para ele um pão especial.

Até agora, a viagem de Andrews tinha sido o que se esperava. Ele andara pelo navio o dia todo, enchendo resmas inteiras com anotações. Todas as noites, às 18h45, ele se vestia para jantar, o que costumava fazer com o velho dr. O'Loughlin, o cirurgião do navio, que também tinha jeito com as camareiras. Depois, voltava a seu camarote, o A-36, abarrotado de plantas, gráficos e diagramas. Lá, organizava suas notas e trabalhava em suas recomendações.

Naquela noite, os problemas foram típicos: falha na prensa quente da cozinha... coloração do revestimento de pedra dos conveses de passeio privativos escura demais... excesso de parafusos nos cabides de chapéu de todos os camarotes. Havia também o plano de transformar parte da sala de leitura em dois camarotes. Originalmente, a sala de leitura tinha sido planejada em parte como um lugar para o qual as senhoras podiam retirar-se depois do jantar. Mas era o século XX, e as senhoras simplesmente não se retiravam mais. Estava claro que uma sala menor bastaria.

Completamente absorto, Andrews mal percebeu o solavanco e só deixou os diagramas quando recebeu a mensagem do capitão Smith de que solicitavam sua presença no passadiço.

Poucos minutos depois, Andrews e o capitão estavam fazendo a ronda: desceram pela escada dos tripulantes para chamar menos atenção... passaram pelo labirinto de corredores bem abaixo... pela água entrando na sala de correio... pela quadra de *squash*, inundada até a linha de falta do paredão.

Retornando ao passadiço, atravessaram o vestíbulo do convés A, ainda lotado de passageiros em pé.

Todos estudaram o rosto dos dois homens em busca de algum sinal de notícia boa ou ruim, mas ninguém conseguiu detectar nada.

Alguns membros da tripulação não eram tão reservados. No camarote D-60, quando a sra. Henry Sleeper Harper pediu ao dr. O'Loughlin que convencesse o marido doente a ficar na cama, o velho doutor exclamou:

– Dizem que os baús estão boiando no porão; talvez seja melhor ir para o convés.

Na cabine C-51, a jovem governanta Elizabeth Shutes estava sentada ao lado de Margaret Graham, de dezenove anos, de cujos cuidados estava encarregada. Vendo um oficial passar pela porta da cabine, a srta. Shutes perguntou-lhe se havia algum perigo. Ele respondeu alegremente que não, mas, em seguida, um pouco além no corredor, ela o ouviu dizer:

– Podemos manter a água fora por um tempo.

A srta. Shutes olhou para Margaret, que mordiscava nervosamente um sanduíche de frango. Sua mão tremia tanto que o recheio não parava de cair do pão.

Na galeria do convés E, ninguém fazia perguntas. Aquele largo corredor era a maneira mais rápida de ir de uma ponta a outra do navio – os oficiais o chamavam de "Park Lane", e a tripulação, de "Scotland Road". Agora ele estava cheio de gente, que se empurrava e se acotovelava. Exceto por alguns foguistas forçados a sair da sala de caldeiras 6, eram passageiros da terceira classe, abrindo caminho lentamente para a ré, carregando caixas, malas e até baús.

Não era preciso dizer-lhes que havia problemas. Para os que se alojavam nos níveis mais baixos a estibordo, o choque não tinha produzido "um vago barulho de trituração", e sim um "barulho terrível", que os fez cair da cama.

A sra. Celiney Yasbeck, casada havia cinquenta dias, saiu correndo para o corredor com o marido. Em vez de fazer a longa caminhada para o convés, era mais fácil procurar o problema lá embaixo. Ainda em roupas de dormir, caminharam até uma porta que dava acesso às salas de caldeiras e espreitaram por ela. Os maquinistas estavam lutando para fazer reparos e pôr as bombas para funcionar. Os Yasbecks não precisaram olhar duas vezes: correram de volta para a cabine para vestir-se.

Muito acima, no convés A, o passageiro da segunda classe Lawrence Beesley percebeu algo curioso. Quando começou a descer para sua cabine, teve certeza de que a escada "não estava certa". Parecia estar nivelada, mas os pés dele não pousavam onde deveriam. De algum modo, desviavam-se para a frente sem equilíbrio... como se os degraus estivessem inclinados para baixo em direção à proa.

O major Peuchen notou a mesma coisa. Estava com o sr. Hays na ponta a vante do convés A, observando os passageiros da terceira classe jogarem futebol com o gelo solto, quando sentiu uma ligeira inclinação do convés.

– Epa, o navio está adernando! – disse ao sr. Hays, espantado. – Isso não deveria estar acontecendo! A água está perfeitamente calma e a embarcação parou.

– Ah, não sei – respondeu placidamente o sr. Hays. – Não é possível afundar este navio.

Outros também sentiram a inclinação, mas pareceu-lhes indelicadeza mencionar o assunto. Na sala de caldeiras 5, o foguista Barrett decidiu não dizer nada aos maquinistas que trabalhavam nas bombas. Em cima, no vestíbulo do convés A, o coronel Gracie e Clinch Smith tiveram a mesma reação. No passadiço, o comutador mostrava o Titanic ligeiramente mais baixo na proa e adernando cinco graus para estibordo.

Ali ao lado, Andrews e o capitão Smith fizeram alguns cálculos rápidos. Água no pique de vante... porão 1... porão 2... sala de correio... sala de caldeiras 6... sala de caldeiras 5. Água quatro metros acima do nível da quilha nos primeiros dez minutos, em toda parte exceto na sala de caldeiras 5. Juntos, esses fatos mostravam uma fenda de noventa metros, com os cinco primeiros compartimentos irremediavelmente inundados.

O que isso queria dizer? Andrews explicou calmamente. O Titanic poderia flutuar com dois de seus dezesseis compartimentos estanques inundados. Poderia flutuar com três dos cinco primeiros compartimentos inundados. Poderia flutuar até com os quatro primeiros compartimentos perdidos. Mas, por mais que calculassem, não poderia flutuar com todos os cinco primeiros compartimentos cheios.

As anteparas entre o quinto compartimento e o sexto só chegavam até a altura do convés E. Se os cinco primeiros compartimentos estavam inundados, a proa ia afundar tanto que a água no quinto compartimento transbordaria para o sexto. Quando este enchesse, transbordaria para o sétimo, e assim por diante. Era uma certeza matemática, pura e simples. Não havia saída.

Mesmo assim, era um choque. Afinal de contas, considerava-se o Titanic inafundável. E não só nos prospectos turísticos. A revista *Shipbuilder*, altamente técnica, descrevera seu sistema de compartimentos em uma edição especial em 1911, assinalando que "o capitão, movendo apenas um interruptor elétrico, pode fechar em um instante as comportas em todo o navio e torná-lo praticamente inafundável".

Todos os interruptores já tinham sido acionados, e agora Andrews estava dizendo que isso não fazia diferença.

Era algo difícil de enfrentar, e especialmente duro para o capitão Smith. Com quase sessenta anos de idade, ele ia aposentar-se após aquela viagem. Já poderia até ter feito isso, mas tradicionalmente era ele quem capitaneava os navios da White Star em sua viagem inaugural. Apenas seis anos antes, no comando do novíssimo Adriatic, comentara: "Não consigo imaginar nenhuma condição que possa fazer um navio ir a pique. Não consigo conceber nenhum desastre vital acontecendo com este navio. A construção naval moderna ultrapassou essa fase".

Agora ele estava no passadiço de um transatlântico duas vezes maior, duas vezes mais seguro, e o construtor estava dizendo que o navio não poderia flutuar.

À 0h05, 25 minutos depois de ouvirem aquele ruído triturante de colisão, o capitão Smith ordenou ao oficial-chefe Wilde que tirasse a coberta dos botes salva-vidas... ao primeiro oficial Murdoch que reunisse os passageiros... ao sexto oficial Moody que fosse buscar a lista de atribuição de lugares nos botes... ao quarto oficial Boxhall que acordasse o segundo oficial Lightoller e o terceiro oficial Pitman. Então, o capitão andou cerca de vinte metros para bombordo no convés principal até o camarim de rádio.

Lá dentro, o primeiro operador John George Phillips e o segundo operador Harold Bride não deram nenhum sinal de que percebiam o que estava acontecendo. Tinha sido um dia difícil. Em 1912, o rádio ainda era uma novidade sujeita a imprevistos – alcance curto, operadores inexperientes e sinais difíceis de captar. Havia muita retransmissão, muita repetição e muito tráfego particular de frivolidades. Os passageiros, fascinados com o novo milagre, não conseguiam resistir à tentação de mandar mensagens aos amigos em casa ou em outros navios.

Durante todo aquele domingo, as mensagens foram empilhando. Era o bastante para esfrangalhar os nervos de qualquer homem que trabalhasse catorze horas por dia a trinta dólares por mês, e Phillips não era exceção. A noite tinha chegado, e ainda não se via o fundo da bandeja de entrada, as interferências fúteis continuavam. Apenas uma hora antes, quando ele finalmente tinha conseguido um bom contato com Cape Race, o Californian o tinha interrompido com uma mensagem qualquer sobre icebergs. Estava tão perto que quase lhe estourou os ouvidos. Não era de admirar que ele retrucasse, irritado:

– Cale-se, cale-se! Estou ocupado; estou tentando fazer contato com Cape Race!

Foi um dia tão duro que o segundo operador Bride decidiu render Phillips à meia-noite, mesmo que seu turno só começasse às duas. Acordou por volta das 23h55, afastou a cortina verde que separava a área de dormir do "escritório" e perguntou a Phillips como ele estava se saindo. Phillips respondeu que tinha acabado de fechar o tráfego de Cape Race. Bride engatinhou de volta para a cama e tirou o pijama. Phillips disse que achava que o navio tinha sido danificado de alguma forma e que eles teriam de voltar a Belfast.

Em poucos minutos, Bride, já vestido, pôs os fones de ouvido. Phillips acabara de ir para trás da cortina verde quando o capitão Smith apareceu.

– Batemos em um iceberg e estou fazendo uma inspeção para ver o que isso nos causou. É melhor vocês se prepararem para enviar um pedido de socorro, mas só o mandem quando eu disser.

Depois saiu, mas voltou em alguns minutos. Dessa vez ele só passou a cabeça pela abertura da porta.

– Mandem o pedido de socorro.

A essa altura, Phillips estava de volta ao camarim. Perguntou ao capitão se deveriam usar o sinal de socorro do regulamento. Smith respondeu:

– Sim, já!

Entregou a Phillips um pedaço de papel com a posição do Titanic. Phillips pegou os fones de ouvido de Bride e, à 0h15, começou a bater as letras "CQD" – na época o sinal internacional de socorro habitual –, seguidas de "MGY", o prefixo do Titanic. Repetidamente, por seis vezes, o sinal crepitou na fria noite azul do Atlântico.

A dez milhas dali, o terceiro oficial Groves, do Californian, sentou-se no beliche do operador de rádio Cyril F. Evans. Groves era jovem e, alerta, sempre se interessava pelo que estava acontecendo no mundo. Depois do trabalho, gostava de ir ao camarim de rádio de Evans para ouvir as últimas notícias e até mexer no aparelho.

Evans não se importava com isso. Não havia muitos oficiais nos transatlânticos de quinta categoria interessados no mundo exterior e muito menos na telegrafia sem fio. Na verdade, não havia nenhum no Californian. Por isso, ele gostava das visitas de Groves.

Mas não naquela noite. Fora um dia difícil, e não havia nenhum outro operador para rendê-lo. Além disso, tinha sido tratado com muita grosseria por volta das 23h, quando tentara comunicar-se com o Titanic e avisar sobre o gelo que estava bloqueando o Californian. Portanto, não perdeu tempo naquela noite para desligar o rádio às 23h30, ao terminar seu turno. Agora, morto de cansaço, não estava com disposição para bater papo com ninguém. Groves fez uma tentativa corajosa:

– Que navios você pegou, Sparks?

– Só o Titanic. – Evans mal se preocupou em levantar os olhos da revista que estava lendo.

Aquilo não era novidade para Groves. Lembrou que, quando falara ao capitão Lord sobre o navio estranho que acabara de parar nas proximidades, o capitão lhe dissera:

– Deve ser o Titanic em sua viagem inaugural.

Procurando alguma coisa mais interessante para fazer, Groves pegou os fones de ouvido e colocou-os na cabeça. Ele estava mesmo ficando muito bom naquilo, se a mensagem fosse simples o bastante. Mas não sabia muito sobre o equipamento. O rádio do Californian tinha um detector magnético acionado por um mecanismo de relojoaria. Groves não deu corda ao mecanismo e por isso não ouviu nada.

Desistindo, pôs os fones de volta sobre a mesa e desceu para procurar uma companhia mais animada. Isso foi logo depois da 0h15.

“Nem Deus conseguiria afundar este navio”

A porta do alojamento dos cozinheiros escancarou-se contra o catre de ferro do padeiro-assistente Charles Burgess. Ele acordou com um sobressalto e olhou para o segundo camareiro George Dodd, em pé na soleira da porta. Corpulento e normalmente alegre, Dodd parecia sério quando gritou:

– Levantem-se, rapazes! Estamos afundando!

Dodd avançou para o alojamento dos garçons, onde William Moss, garçom de salão de jantar, estava tentando despertar os homens. A maioria deles ria e brincava quando Dodd entrou de supetão, gritando:

– Levantem-se! Nenhum homem pode ficar aqui!

Saiu com Moss para o alojamento dos garçons. Do lado de fora, o garçom da sala de fumantes Witter ouvia uma notícia inquietante do carpinteiro Hutchinson:

– A porcaria da sala de correio está cheia.

Moss aproximou-se e acrescentou:

– É sério mesmo, Jim.

Os gracejos com que tinham recebido os primeiros avisos sumiram, e os tripulantes saíram dos beliches aos trambolhões. Ainda meio adormecido, o padeiro Burgess vestiu as calças, a camisa, mas não o colete salva-vidas. Walter Belford colocou seu jaleco branco de padeiro e as calças, sem as ceroulas. O garçom Ray levou mais tempo; não estava preocupado – mesmo assim, viu-se vestindo o terno que usava em terra. O garçom Witter, já vestido, abriu o seu baú e encheu os bolsos de cigarros... pegou a coifa fetal do primeiro filho, que sempre trazia com ele... e juntou-se à multidão de homens que saía aos borbotões para a galeria e subia para as estações de botes salva-vidas.

Bem a vante, longe do tumulto, o carvoeiro Samuel Hemming voltou ao beliche, convencido de que o som de assobio no pique de vante não significava grande coisa. Estava quase caindo no sono quando o carpinteiro do navio invadiu o alojamento, dizendo:

– Se eu fosse você, caía fora. O navio está fazendo água muito rápido, e a quadra de tênis está ficando cheia.

Um instante mais tarde, apareceu o contramestre.

– Caiam fora, companheiros. Vocês não têm nem meia hora de vida. Foi o sr. Andrews quem disse. Guardem isso para si mesmos e não deixem ninguém saber.

Na sala de fumantes da primeira classe, com certeza ninguém sabia. A partida de *bridge* estava de novo a todo vapor. O tenente Steffanson ainda tomava sua *hot lemonade* e outra rodada de cartas ia começar quando um oficial do navio surgiu na porta de repente.

– Senhores, ponham o colete salva-vidas. Temos problemas pela frente.

Em seu camarote no convés A, a sra. Washington Dodge permanecia deitada na cama, à espera de que o dr. Dodge, exator-chefe de San Francisco, desenterrasse alguma novidade. A porta se abriu e o médico entrou, sereno.

– Ruth, o acidente é bastante grave. É melhor você ir para o convés agora mesmo.

Dois pavimentos abaixo, a sra. Lucien Smith, cansada de esperar que o sr. Smith terminasse sua exploração, tinha voltado a dormir. De repente as luzes acenderam-se, e ela viu o marido em pé ao lado da cama, sorrindo. Com calma, ele explicou:

– Estamos no norte e batemos em um iceberg. Não é nada, mas é provável que atrase em um dia nossa chegada a Nova York. Contudo, por formalidade, o capitão ordenou que todas as senhoras fossem para o convés.

E assim foi. Sem campainhas nem sirenes. Nenhum alarme geral. Porém, todo o Titanic, de um jeito ou de outro, foi avisado.

Para Marshall Drew, de oito anos, foi muito desconcertante. Quando sua tia, a sra. James Drew, acordou-o e disse que tinha de levá-lo ao convés, ele protestou, sonolento, que não queria se levantar. Mas a sra. Drew nem prestou atenção.

Não foi menos desconcertante para o major Arthur Peuchen, apesar de sua expedição turística para ver o gelo. Ouviu a notícia na grande escadaria e mal pôde acreditar. Completamente atordoado, voltou aos tropeções para sua cabine a fim de trocar o traje de noite por algo mais quente.

Para muitos, a primeira notícia veio dos camareiros. John Hardy, camareiro-chefe da segunda classe, despertou pessoalmente as cabines 20 a 24. A cada vez, escancarava a porta, gritando:

– Todo mundo no convés com o colete salva-vidas, agora mesmo!

Na primeira classe, era mais educado bater na porta. Naqueles dias, o camareiro de um vapor de luxo não atendia mais do que oito ou nove camarotes, e era como uma fada madrinha para todos os passageiros que servia.

Alfred Crawford era um típico camareiro dessa época. Passara 31 anos lidando com passageiros difíceis e agora sabia exatamente como persuadir o idoso sr. Albert Stewart a vestir o colete salva-vidas. Depois, agachou-se e amarrou os cordões dos sapatos do velho *gentleman*.

Na cabine C-89, o camareiro Andrew Cunningham ajudou William T. Stead a pôr o colete salva-vidas, enquanto o grande editor se queixava brandamente de que tudo aquilo não passava de um monte de bobagens. Na B-84, o camareiro Henry Samuel Etches trabalhou como um solícito alfaiate, ajustando o colete salva-vidas em Benjamin Guggenheim.

– Isso vai machucar – protestou o rei da mineração e da fundição.

Etches retirou o colete, fez alguns ajustes e colocou-o de novo. Guggenheim, então, queria ir ao convés como estava, mas Etches foi inflexível – estava muito, muito frio. Por fim, Guggenheim cedeu; Etches vestiu-lhe um suéter pesado e enviou-o para a coberta.

Alguns dos passageiros foram ainda mais difíceis. No camarote C-78, Etches encontrou a porta trancada. Quando bateu ruidosamente com as duas mãos, um homem perguntou, desconfiado:

– O que é?

E uma mulher acrescentou:

– Diga qual é o problema.

Etches explicou, tentando mais uma vez convencê-los a abrir a porta. Não teve êxito. Depois de insistir mais alguns minutos, passou para a cabine seguinte.

Em outra parte do navio, uma porta trancada causou um problema diferente. Estava emperrada, e alguns passageiros a arrombaram para liberar o homem que estava lá dentro. Nesse momento, chegou o camareiro, ameaçando mandar prender todos eles, quando o Titanic chegasse a Nova York, por danificarem propriedade da empresa.

À 0h15, era difícil saber se era melhor fazer piada ou ficar sério, se arrombar uma porta faria de alguém um herói ou o levaria à prisão. Parecia não haver duas pessoas que tivessem a mesma reação.

A sra. Arthur Ryerson achou que não havia um momento a perder. Fazia tempo que tinha abandonado a ideia de deixar o marido dormir; agora, azafamava-se na tentativa de manter a família unida. Havia seis pessoas para preparar – o marido, três filhos, a governanta e a criada – e as crianças pareciam lerdas demais. Por fim, desistiu da filha mais nova; jogou-lhe um casaco de pele sobre a camisola e disse-lhe que se juntasse aos outros.

A sra. Lucien Smith parecia ter todo o tempo do mundo. Lentamente e com muito cuidado, vestiu-se para o que quer que a noite lhe reservasse – um vestido pesado de lã, sapatos de salto, dois casacos e um capuz de malha quente. Enquanto isso, seu marido tagarelava sobre desembarcar em Nova York, tomar o trem para o sul, sem nunca mencionar o iceberg.

Quando saíram para o convés, a sra. Smith quis voltar para apanhar algumas joias. Foi então que o sr. Smith impôs um limite. Sugeriu que talvez fosse mais sensato não se preocupar com "ninharias". Para não desagradá-lo, a sra. Smith pegou apenas dois anéis favoritos. Após fechar a porta com cuidado ao sair, o jovem casal dirigiu-se para o convés principal.

As coisas que as pessoas carregavam consigo mostravam como se sentiam. Adolf Dyker entregou à esposa uma pequena sacola contendo dois relógios de ouro, dois anéis de diamante, um colar de safira e duzentas coroas suecas. A srta. Edith Russell levava um porquinho de brinquedo (que tocava maxixe). Stewart Collett, jovem estudante de teologia que viajava na segunda classe, estava com a Bíblia que prometera ao irmão sempre trazer consigo até que se encontrassem novamente. Lawrence Beesley encheu os bolsos de seu casaco Norfolk com os livros que estivera lendo na cama. Norman Campbell Chambers embolsou um revólver e uma bússola. O garçom Johnson, agora prevendo muito mais do que outra "viagem a Belfast", enfiou quatro laranjas debaixo da camisa. A sra. Dickinson Bishop deixou para trás 11 mil dólares em joias e depois mandou o marido voltar para buscar seu regalo.

O major Arthur Peuchen olhou para a caixa de lata na mesa do camarote C-104. Nela havia 200 mil dólares em títulos e 100 mil dólares em ações preferenciais. Pensou bastante em que fazer enquanto tirava o smoking e vestia dois pares de ceroulas e roupas pesadas.

Depois, deu uma última olhada em torno da pequena cabine: a cama de bronze... a rede de malha verde na parede para guardar artigos de valor durante a noite… o lavatório de mármore… a poltrona de vime… o sofá de crina de cavalo… o ventilador no teto… as campainhas e instalações elétricas, que, em um vapor, sempre pareciam ter sido colocadas na última hora.

Tinha decidido. Bateu a porta, deixando a caixa de lata em cima da mesa. Um minuto depois, estava de volta. Rapidamente, pegou um alfinete de boa sorte e três laranjas. Ao sair pela última vez, a caixa de lata continuava sobre a mesa.

No vestíbulo do convés C, o comissário Herbert McElroy instava a todos que não ficassem parados. Quando a condessa de Rothes passou, ele chamou:

– Depressa, mocinha, não temos muito tempo. Estou feliz por você não ter me perguntado por suas joias, como algumas senhoras.

Os passageiros iam enchendo as salas, gentilmente incitados pela tripulação. Um camareiro chamou a atenção de Marguerite Frolicher, que estava andando pelo corredor. Quatro dias antes, ela o provocara de brincadeira por colocar um colete salva-vidas em seu camarote, pois supunha-se que o navio era inafundável. Ele tinha rido, assegurando-lhe que era apenas uma formalidade… que ela nunca precisaria usá-lo. Lembrando-se agora da troca de palavras, ele sorriu e tranquilizou-a:

– Não tenha medo; está tudo bem.

– Não estou com medo – respondeu ela –, só enjoada.

Marchavam escada acima – uma multidão silenciosa em trajes que eram uma mixórdia. Debaixo do sobretudo, Jack Thayer agora vestia um paletó e um colete de *tweed* esverdeado sobre outro colete de *mohair*. Robert Daniel, o banqueiro da Filadélfia, estava só de pijama de lã. A sra. Turrell Cavendish usava um roupão e o sobretudo do marido... A sra. John C. Hogeboom, um casaco de pele sobre a camisola... A sra. Ada Clarkjust, apenas uma camisola. A sra. Washington Dodge não se preocupara em calçar meias com os sapatos de botões, que abanavam abertos porque ela não tinha parado para fechá-los. A sra. Astor parecia ter acabado de sair de um provador, com um atraente vestido leve, e a sra. James J. Brown, uma vistosa milionária de Denver, estava muito elegante em um *tailleur* de duas peças de veludo preto com lapela de seda preta e branca.

O automobilismo, tal como praticado em 1912, influenciou o traje de muitas mulheres: a sra. C. E. Henry Stengel usava um véu firmemente preso sobre o chapéu de flores, e madame de Villiers vestia sobre a camisola um longo casaco de piloto de automóvel, feito de lã, e calçava pantufas.

O jovem Alfred von Drachstedt, um rapaz de vinte anos de Colônia, decidira-se por um suéter e calças, deixando para trás um guarda-roupa novo em folha de 2.133 dólares, incluindo bengalas e uma caneta-tinteiro que ele de algum modo via como uma marca especial de distinção.

A segunda classe estava um pouco menos elegantemente desarrumada. O sr. e a sra. Albert Caldwell, vindos do Sião [hoje Tailândia], onde davam aulas no Colégio Cristão de Bancoc, tinham comprado roupas novas em Londres, mas naquela noite vestiam as mais velhas que tinham. Seu bebê, Alden, estava envolto em um cobertor. A srta. Elizabeth Nye usava uma saia simples, casaco e chinelos. A sra. Charlotte Collyer não se preocupou em pentear os cabelos, limitando-se a prendê-los atrás com uma fita. Sua filha de oito anos, Marjory, tinha um cobertor de convés sobre os ombros. O sr. Collyer não se incomodou muito com os trajes, porque esperava estar de volta logo – tinha até deixado o relógio sobre o travesseiro.

A cena na terceira classe estava bastante confusa, porque a White Star Line tinha solenemente alojado os homens solteiros e as mulheres solteiras em extremos opostos do Titanic. Agora muitos homens, que dormiam do lado da proa, apressavam-se para juntar-se às moças do lado da popa.

Katherine Gilnagh, uma mocinha petulante que mal chegara aos dezesseis anos, ouviu uma batida na porta. Era o rapaz que despertara sua atenção naquele dia tocando gaita de foles no convés. Ele lhe pediu que se levantasse, pois alguma coisa estava errada com o navio. Anna Sjoblom, uma finlandesa de dezoito anos que estava indo para o noroeste do Pacífico, acordou quando um jovem dinamarquês entrou para despertar a companheira de quarto dela, de quem se tornara admirador. Ele também deu a Anna um colete salva-vidas e instou-a a acompanhá-los. Mas ela estava enjoada demais para se preocupar. Com o tempo, a agitação foi tanta que ela acabou subindo, apesar de ainda se sentir muito mal. Alfred Wicklund, um colega de escola de seu país, ajudou-a a colocar rapidamente o colete salva-vidas.

Entre esses jovens, Olaus Abelseth estava especialmente apreensivo. Ele era um norueguês de 26 anos que viajava para um assentamento em Dakota do Sul, e um velho amigo da família tinha deixado uma filha de dezesseis anos sob sua guarda até chegarem a Minneapolis. Agora, enquanto abria caminho para a popa pela galeria do convés E, Minneapolis lhe pareceu estar muito distante.

Abelseth encontrou a moça no corredor principal da coberta do convés E. Em seguida, juntou-se ao cunhado, um primo e outra moça, e todos subiram a ampla e íngreme escada da terceira classe para o convés do tombadilho, no extremo da popa do navio.

Na noite gelada, a multidão aglomerou-se, cada classe permanecendo automaticamente no respectivo lugar – a primeira no centro do navio, a segunda um pouco atrás e a terceira na ponta da popa ou no convés do poço perto da proa. Em silêncio, estavam todos à espera das próximas ordens... razoavelmente confiantes, mas um tanto preocupados. Com divertida inquietação, observavam uns aos outros para ver que aparência tinham com colete salva-vidas. Houve algumas piadas sem muito entusiasmo.

– Bom – comentou Clinch Smith quando uma moça passou carregando um lulu-da-pomerânia –, acho que deveríamos colocar um colete salva-vidas no cachorrinho também.

– Experimente isto – disse um homem à sra. Vera Dick enquanto ajustava nela um colete salva-vidas. – É a última moda. Todo mundo está usando um agora.

– Eles vão mantê-los aquecidos se não precisarem usá-los – explicou alegremente o capitão Smith à sra. Alexander T. Compton, de New Orleans.

Por volta de meia-noite e meia, o coronel Gracie esbarrou em Fred Wright, o profissional de *squash* do Titanic. Lembrando-se de que tinha reservado a quadra para as 7h30, Gracie também tentou fazer uma piadinha:

– Não seria melhor cancelarmos aquele compromisso?

– Sim – respondeu Wright, com voz inalterável e sem entusiasmo. No entanto, era de espantar que tivesse respondido. Ele sabia que a água já tinha chegado ao teto da quadra de *squash*.

No ginásio fortemente iluminado, bem ao lado do convés principal, o sr. e a sra. Astor estavam sentados lado a lado em um par de cavalos mecânicos imóveis. Usavam o colete salva-vidas, e o sr. Astor tinha outro no colo, que estava abrindo com um canivete para passar o tempo, mostrando à esposa o que havia ali dentro.

Enquanto os passageiros brincavam, conversavam e esperavam, a tripulação ocupava rapidamente seus postos. O convés principal fervilhava com marinheiros, camareiros, garçons, foguistas e cozinheiros que tinham recebido ordens de subir.

Uma chegada curiosamente tardia foi a do quinto oficial Harold Godfrey Lowe. Jovem galês tempestuoso, era difícil ignorá-lo. Quando tinha catorze anos, seu pai tentou colocá-lo como aprendiz de um empresário de Liverpool, mas Lowe disse que não trabalhava "para alguém por nada neste mundo". Então, fugiu para o mar para levar a vida que seu coração pedia: escunas... barcos de vela quadrada... cinco anos em vapores pela costa da África Ocidental.

Agora, aos 28 anos, estava fazendo sua primeira viagem transatlântica. Naquela noite de domingo, ele estava de folga e dormia quando houve a colisão. Vozes do lado de fora de sua cabine no convés principal finalmente o acordaram. Quando olhou pela vigia e viu todo mundo com coletes salva-vidas, pulou da cama, vestiu-se e correu para o convés para ajudar. Não foi exatamente um começo auspicioso, mas também, como Lowe explicaria mais tarde ao senador Smith, "o senhor precisa se lembrar de que não dormimos muito e que, portanto, quando isso acontece, temos um sono pesado".

O segundo oficial Charles Herbert Lightoller também se atrasou, só que por uma razão bem diferente. Como Lowe, ele estava no beliche, de folga, quando o Titanic bateu, mas acordou imediatamente e, descalço, saiu correndo para o convés principal para ver o que acontecia. Não conseguia ver nada nos dois lados do navio, exceto na ala a estibordo do passadiço, onde avistou vagamente o capitão Smith e o primeiro oficial Murdoch. Eles também perscrutavam a noite.

Lightoller voltou à cabine e pensou na situação. Não havia dúvida de que algo estava errado com o navio – primeiro aquele abalo, agora os motores silenciosos. Mas ele estava *de folga* e, até que o chamassem, não era assunto seu. Quando precisassem dele, mandariam buscá-lo e, nesse caso, ele tinha de estar onde esperavam que estivesse. Lightoller voltou para a cama e ficou acordado esperando...

Cinco, quinze, trinta minutos se passaram. Ele já podia ouvir o rugido das chaminés soprando vapor, o som crescente das vozes, o estrépito das máquinas. Mas, ainda assim, seu dever era estar onde esperavam que estivesse.

À 0h10, o quarto oficial Boxhall finalmente irrompeu no alojamento:

– Você sabe que batemos em um iceberg?

– Sei que batemos em alguma coisa – respondeu Lightoller, levantando-se e começando a vestir-se.

– Na sala de correio, a água está na altura do convés F – emendou Boxhall, para cutucá-lo um pouco. Mas não era necessário insistir. Lightoller já estava a caminho. Sereno, diligente, cauteloso, conhecia seu dever de cor. Era o perfeito segundo oficial.

No convés principal, os homens começaram a liberar os dezesseis botes salva-vidas de madeira. Havia oito de cada lado: um grupo de quatro no lado da proa, separado, por um espaço aberto de 58 metros, de mais quatro no lado da popa. Os botes a bombordo tinham números pares, e a estibordo, ímpares. Estavam numerados em sequência, começando da proa. Além disso, quatro botes salva-vidas desmontáveis de lona, conhecidos como Englehardts, estavam dispostos no convés. Eles poderiam ser encaixados nos turcos vazios depois que os dois botes a vante fossem baixados. Os desmontáveis estavam rotulados com as letras A, B, C e D.

Todos os botes juntos tinham capacidade para 1.178 pessoas. Na noite daquele domingo, havia 2.207 pessoas a bordo do Titanic.

Nenhum dos passageiros e poucos tripulantes conheciam essa discrepância matemática. De todo modo, a maioria deles não se importaria. O Titanic era inafundável. Todos diziam isso. Quando a sra. Albert Caldwell observava o pessoal de convés carregando bagagem em Southampton, perguntara a um deles:

– Este navio é inafundável mesmo?

– Sim, senhora – fora a resposta. – Nem Deus conseguiria afundar este navio.

Por isso, agora os passageiros esperavam calmamente no convés principal – despreocupados, porém muito confusos. Não houvera nenhum exercício de abandono do navio. Sua alocação nos botes não tinha sido feita. A da tripulação, sim, mas quase ninguém se preocupou em consultar a lista. Agora, os tripulantes agiam de improviso e, mesmo assim, de alguma forma, pareciam intuir onde eram necessários e como ser úteis. Os anos de disciplina estavam sendo compensados.

Pequenos grupos de homens atarefavam-se sobre cada bote, tirando as coberturas de lona, liberando os mastros e a parafernália inútil, carregando lanternas e latas de biscoito. Outros trabalhavam nos turcos, montando manivelas e desenrolando cordas. Uma a uma as manivelas começaram a ser giradas. Os turcos rangiam, as polias guinchavam e os barcos soltavam-se lentamente do navio. Em seguida, uns poucos metros de corda foram soltos, para que cada bote ficasse nivelado com o convés principal ou, em alguns casos, com o convés de passeio A, logo abaixo.

Mas as coisas andavam devagar. O segundo oficial Lightoller, encarregado do bombordo, acreditava que devia seguir os canais adequados, e o oficial-chefe Wilde parecia ser um empecilho. Quando Lightoller pediu permissão para soltar os botes, Wilde disse:

– Não, espere.

Lightoller finalmente foi para o passadiço e recebeu ordens diretas do capitão Smith. Então, perguntou a Wilde se poderia embarcar os passageiros nos botes. Novamente, Wilde respondeu que não; novamente, Lightoller foi para o passadiço; novamente, o capitão Smith consentiu:

– Sim, embarquem as mulheres e as crianças e baixem os botes.

Lightoller, em seguida, baixou o bote 4 para o nível do convés A e pediu que as mulheres e crianças descessem para embarcar de lá. Parecia mais seguro assim – havia baixa probabilidade de tombar no mar, a distância até a água era menor e o convés principal ficaria liberado para o trabalho pesado que tinham pela frente. Tarde demais, lembrou-se de que o convés de passeio estava fechado e as janelas trancadas. Enquanto alguém ia abrir as janelas, chamou todos de volta apressadamente e foi mais para a ré, até o bote 6.

Com um pé no barco e outro no convés, Lightoller então chamou as mulheres e as crianças. A resposta foi pouco entusiástica. Por que trocar o convés iluminado do Titanic por algumas horas escuras em um bote a remo? Até John Jacob Astor ridicularizou a ideia:

– Estamos mais seguros aqui do que nesse barquinho.

No momento em que a sra. Stuart White subia no bote 8, um amigo gritou:

– Na volta, vai precisar de um passe. Não se pode voltar a bordo amanhã de manhã sem um passe!

Quando a sra. Constance Willard recusou-se taxativamente a entrar no bote, um oficial por fim deu de ombros, exasperado:

– Não percam tempo. Se ela não quiser entrar, que fique aí!

E havia música para embalá-los. O maestro Wallace Henry Hartley tinha reunido os seus músicos, e a banda estava tocando *ragtime* no salão da primeira classe, onde muitos dos passageiros esperavam até que chegasse a ordem de baixar os botes. Depois, os músicos transferiram-se para o convés principal a vante, perto da entrada para a escadaria principal. Pareciam um pouco apagados – alguns de casaco azul do uniforme, outros de paletó branco –, mas nada havia de errado com a música.

Tudo tinha sido feito para dar ao Titanic a melhor banda do Atlântico. A White Star Line fez até uma incursão ao Mauretania, da Cunard Line, para recrutar o maestro Hartley. O pianista Theodore Brailey e o violoncelista Roger Bricoux foram facilmente atraídos do Carpathia. "Bom, camareiro", disseram alegremente a Robert Vaughan, que os atendia no pequeno navio da Cunard, "em breve estaremos em um navio decente, com uma boia decente". Fred Clark, que tocava viola baixo, nunca tinha navegado, mas era bem conhecido no circuito escocês de concertos, e a companhia contratou-o também. Embora o primeiro violinista Jock Hume não tivesse ainda tocado em nenhum concerto, o seu violino tinha um tom alegre que os passageiros pareciam adorar. E ali estavam eles: oito excelentes músicos que sabiam exatamente o que fazer. Naquela noite o ritmo estava agitado, a música, alta e animada.

A estibordo, as coisas aconteciam um pouco mais rápido, mas não o bastante para o diretor-executivo Ismay, que corria de um lado para o outro, instando os homens a apressar-se.

– Não há tempo a perder! – disse ao terceiro oficial Pitman, que estava trabalhando no bote 5.

Pitman não lhe deu atenção – não conhecia Ismay e não tinha tempo para um estranho abelhudo de pantufas. Ismay disse-lhe que carregasse o bote com mulheres e crianças. Aquilo foi demais para Pitman.

– Aguardo ordens do comandante – anunciou.

De repente, ocorreu-lhe quem o estranho podia ser. Desceu discretamente o convés, falou de seu palpite ao capitão Smith e perguntou se devia fazer o que Ismay queria. Smith respondeu, seguro:

– Vá em frente.

Assim que voltou, Pitman pulou para dentro do bote 5 e chamou:

– Venham, senhoras!

A sra. Catherine Crosby e a filha Harriet foram firmemente levadas para dentro do bote pelo marido, Edward Gifford Crosby, transportador de Milwaukee e velho capitão dos Grandes Lagos. Ele tinha boa intuição – logo após o acidente, repreendera a esposa:

– Você vai ficar aí deitada e se afogar?

Mais tarde, dissera-lhe:

– Este navio está muito danificado, mas acho que os compartimentos estanques vão mantê-lo à tona.

Agora, não queria arriscar nada.

Lentamente, outras foram avançando: a srta. Helen Ostby... a sra. F. M. Warren... a sra. Washington Dodge com o filho de cinco anos... uma jovem camareira. Quando nenhuma outra mulher quis ir sozinha, alguns casais foram autorizados a embarcar; depois, alguns homens solteiros. A estibordo, essa foi a regra por toda a noite: as mulheres primeiro, mas homens também, se houvesse espaço.

Um pouco mais a ré, o primeiro oficial Murdoch, responsável pelo estibordo, estava tendo o mesmo problema para ocupar o bote 7. A estrela de cinema Dorothy Gibson saltou para bordo, seguida da mãe. Então, persuadiram seus companheiros de *bridge* da noite, William Sloper e Fred Seward, a juntar-se a elas. Outros foram entrando aos poucos, até que finalmente havia dezenove ou vinte pessoas no barco. Murdoch achou que não podia esperar mais. À 0h45, liberou o bote 7, o primeiro a descer.

Depois, ordenou a Pitman que se encarregasse do bote 5, disse-lhe que ficasse perto do portaló de ré, apertou-lhe a mão e sorriu.

– Adeus. Boa sorte.

Quando o barco começou a descer rangendo, Bruce Ismay ficou fora de si.

– Para baixo! Para baixo! Para baixo! Para baixo! – gritava, fazendo movimentos circulares com um braço e agarrando-se ao turco com o outro.

– Se o senhor sair do caminho – explodiu o quinto oficial Lowe, que estava manejando os turcos –, posso fazer alguma coisa! Quer que eu os desça mais rápido e afogue todos eles?

Ismay ficou envergonhadíssimo. Sem uma palavra, virou-se e foi caminhando para o bote 3.

Os veteranos da tripulação ficaram boquiabertos. Achavam que o desabafo de Lowe era a coisa mais dramática que poderia acontecer naquela noite. Um quinto oficial não insulta o diretor--executivo da linha e sai impune. Quando chegassem a Nova York, haveria um acerto de contas.

A maioria ainda esperava chegar a Nova York. Na pior das hipóteses, seriam todos transferidos para outros navios.

– Peuchen – disse Charles M. Hays quando o major começou a ajudar com os botes –, este navio aguenta oito horas ainda. Acabei de ouvir isso de um dos melhores velhos marinheiros, o sr. Crosby, de Milwaukee.

Monsieur Gatti, *maître* do restaurante francês *à la carte* do navio, também estava imperturbável. Sozinho no convés principal, parecia a imagem da dignidade – o chapéu firmemente no lugar, a valise na mão e um xale de viagem perfeitamente dobrado sobre o braço.

O sr. e a sra. Lucien Smith e o sr. e a sra. Sleeper Harper conversavam calmamente no ginásio, bem ao lado do convés principal. Os cavalos mecânicos não tinham mais cavaleiros; os Astors foram para outro lugar. E pela primeira vez não havia ninguém nas bicicletas ergométricas, que os passageiros gostavam de pedalar, fazendo girar os ponteiros vermelhos e azuis de um grande relógio branco. Mas a sala, com o piso de blocos de linóleo brilhante e as confortáveis cadeiras de vime, era muito mais agradável do que o convés principal. Era com certeza mais quente, e ali parecia não haver pressa.

Na sala de fumantes quase vazia do convés A, quatro homens estavam calmamente sentados em volta de uma mesa: Archie Butt, Clarence Moore, Frank Millet e Arthur Ryerson, que davam a impressão de estar tentando deliberadamente evitar a confusão barulhenta do convés principal.

Muito mais abaixo, o graxeiro Thomas Ranger começou a desativar alguns dos 45 ventiladores elétricos usados na praça de máquinas e pensou nos que teria de reparar no dia seguinte. O graxeiro Alfred White, trabalhando nos dínamos, fez um pouco de café em seu posto de trabalho.

Na extrema ré do Titanic, o contramestre George Thomas Rowe continuava sua ronda solitária. Não tinha visto ninguém nem ouvido nada desde que o iceberg passara deslizando quase uma hora antes. De repente, espantou-se ao ver um bote salva-vidas flutuando perto do costado a estibordo. Telefonou para o passadiço; sabiam que havia um bote no mar? Uma voz incrédula perguntou quem estava falando. Rowe explicou, e então perceberam que ele tinha sido esquecido. Disseram-lhe que fosse ao passadiço imediatamente e levasse alguns foguetes com ele. Rowe desceu até um armário no convés de baixo, pegou uma caixa de lata com doze foguetes e se dirigiu para a vante – ele foi o último homem a saber o que estava acontecendo.

Àquela altura, outros já sabiam bem demais o que ocorria. O velho dr. O'Loughlin sussurrou para a camareira Mary Sloan:

– Filha, as coisas estão muito ruins.

A camareira Annie Robinson estava perto da sala de correio, observando a água subir ao convés F. Pensava sobre uma mala Gladstone de homem abandonada no corredor quando o carpinteiro Hutchinson chegou com uma linha de sonda na mão – parecia confuso, aturdido, muito irritado. Um pouco mais tarde, Annie Robinson deparou com Thomas Andrews no convés A. Ele a tratou como um pai severo:

– Achei que lhe tivesse dito para colocar o colete salva-vidas!

– Disse, sim – respondeu ela –, mas achei que ficaria feio usá-lo.

– Não pense nisso. Coloque-o; ande por aí; deixe que os passageiros a vejam.

– Parece muito feio.

– Não, coloque-o... Se você dá valor a sua vida, coloque-o.

Andrews entendia muito bem as pessoas. Homem encantador, dinâmico, estava em toda parte, ajudando todo mundo. E as pessoas, naturalmente, davam-lhe atenção. Lidava com cada uma delas de uma forma, dependendo da impressão que tivesse a seu respeito. Garantiu ao tagarela garçom Johnson que tudo ia dar certo. Explicou ao sr. e à sra. Albert Dick, seus companheiros ocasionais de jantar:

– O navio está estraçalhado embaixo, mas não vai afundar se as anteparas da ré aguentarem.

Comentou com a competente camareira Mary Sloan:

– É muito grave, mas não espalhe a má notícia, para evitar pânico.

E disse a John B. Thayer, em quem confiava implicitamente, que não dava ao navio "muito mais de uma hora de vida".

Alguns membros da tripulação não precisavam que lhes contassem nada. Por volta da 0h45, o marinheiro John Poingdestre saiu do convés principal para buscar suas galochas. Encontrou-as no castelo de proa do convés E a vante e estava começando a voltar quando a parede de madeira entre o alojamento dele e um espaço da terceira classe a estibordo de repente cedeu. O mar entrou em vagas, e ele abriu caminho para fora lutando com água até a cintura.

Mais a ré, o garçom de salão de jantar Ray foi aos seus aposentos, no convés E, para pegar um casaco mais quente. Voltando para cima, seguiu pela "Scotland Road" em direção à escadaria principal. Os foguistas atarantados e os passageiros da terceira classe já tinham ido embora. Tudo estava tranquilo na larga galeria, exceto pela água que vinha pelo corredor de algum lugar à frente.

Ainda mais a ré, o segundo camareiro assistente Joseph Thomas Wheat desceu para pegar alguns objetos de valor no seu alojamento, no convés F a bombordo. Ficava ao lado do banho turco, um conjunto esplendorosamente pomposo de salas que formavam uma espécie de ponte entre duas eras da decoração de interiores: a época vitoriana e a de Rodolfo Valentino. O piso de mosaico, a parede de ladrilhos verde-azulados, as vigas douradas no teto vermelho fosco, os pilares revestidos de teca entalhada – tudo estava ainda perfeitamente seco.

Mas, quando Wheat andou mais alguns metros pelo corredor e começou a subir a escada, viu uma cena estranha: uma fina corrente de água estava *descendo* os degraus, vinda do convés E, acima. Tinha menos de um centímetro de profundidade – cobria o salto dos sapatos, mais ou menos – enquanto ele chapinhava escada acima. Quando chegou ao convés E, viu que a água vinha do estibordo, a vante.

Adivinhou o que tinha acontecido: a água a vante no convés F, bloqueada pela porta estanque, tinha subido ao convés E, onde não havia portas, e agora estava transbordando para o próximo compartimento a ré.

A sala de caldeiras 5 era o único lugar onde tudo parecia sob controle. Depois que o fogo foi apagado, o foguista-chefe Barrett enviou a maioria dos foguistas para seus postos nas estações de botes salva-vidas. Ele e alguns outros ficaram para trás para ajudar os maquinistas Harvey e Shepherd com as bombas.

Por ordem de Harvey, Shepherd levantou a tampa de ferro da porta de visita do piso a estibordo, para que Harvey pudesse alcançar as válvulas e ajustar as bombas.

A sala de caldeiras estava ficando esfumaçada com o vapor da água usada para arrefecer as fornalhas. Na penumbra de seu banho turco particular, os homens continuaram trabalhando, vagas formas movendo-se na névoa.

Então Shepherd, atravessando a sala às pressas, tropeçou na porta de visita e quebrou a perna. Harvey, Barrett e o foguista George Kemish correram até ele. Ergueram-no e levaram-no para a praça de bombas, um espaço fechado em uma das extremidades da sala de caldeiras.

Sem tempo para deixá-lo mais confortável, retornaram às nuvens de vapor. Pouco depois, do passadiço chegaram ordens para que todos os homens fossem para seus postos nos botes salva-vidas. Quando os homens subiram, Shepherd ainda estava na praça de bombas; Barrett e Harvey continuaram lidando com as válvulas. Mais quinze minutos se passaram, e os dois homens começavam a ficar animados – a sala ainda estava seca, o ritmo das bombas rápido e suave.

De repente, o mar entrou rugindo pelo espaço entre as caldeiras na extremidade a vante da sala. Toda a antepara entre os compartimentos 5 e 6 tinha desmoronado.

Harvey gritou a Barrett que corresse para a escada de escape. Barrett subiu apressadamente, com a água espumando nos pés dele. Harvey voltou para a praça de bombas, onde estava Shepherd. No caminho, desapareceu sob a torrente de água que subia.

O silêncio no camarim de rádio só era quebrado pelo áspero crepitar do aparelho, enquanto Phillips repetia o chamado de socorro e anotava as respostas que chegavam. Bride continuava lutando para vestir-se, entre uma e outra ida rápida ao passadiço.

Até aquele momento, as notícias eram animadoras. O primeiro a responder fora um navio da North German Lloyd, o Frankfort. À 0h18, enviara um breve "OK. Fiquem a postos", mas nenhuma posição. Um minuto depois, as confirmações começaram a chegar uma após a outra: o Mount Temple, da Canadian Pacific... o Virginian, da Allan... o cargueiro a frete russo Burma.

A noite crepitava com sinais. Navios fora de contato direto eram informados por aqueles que estavam ao alcance... A notícia espalhou-se em círculos cada vez maiores. Cape Race ouviu-a diretamente e retransmitiu-a para o interior do país. No telhado da loja de departamentos Wanamaker de Nova York, o jovem operador de rádio David Sarnoff captou um sinal fraco e também o retransmitiu. O mundo inteiro estava entrando em atormentada atenção.

Perto dali, o Carpathia, da Cunard, seguia para o sul em completa ignorância. Seu único operador de rádio, Harold Thomas

Cottam, estava no passadiço quando Phillips enviou o CQD. Cottam voltou a seu aparelho e pensou em ser útil. Será que o Titanic sabia, perguntou descontraidamente, que havia mensagens particulares de Cape Race esperando por eles?

Era 0h25 quando Phillips mandou de volta uma resposta que ignorava o gesto cortês do Carpathia: "Venha já. Batemos em um iceberg. É um CQD, meu velho. Posição: 41° 46' N, 50° 14' O".

Um momento aterrorizante de silêncio... e então Cottam perguntou se deveria contar ao capitão. Phillips: "Sim, rápido". Cinco minutos depois, boas notícias: o Carpathia estava a apenas 58 milhas de distância, "indo a toda".

À 0h34, o Frankfort novamente entrava em contato: estava a 150 milhas de distância. Phillips perguntou: "Estão vindo ajudar-nos?". Frankfort: "Qual é o problema com vocês?". Phillips: "Diga a seu capitão que venha socorrer-nos. Estamos no gelo".

O capitão Smith foi ao camarim para saber da situação em primeira mão. O Olympic, o enorme navio-irmão do Titanic, estava chamando naquele momento. Encontrava-se a quinhentas milhas, mas dispunha de um rádio poderoso, era capaz de realizar uma grande tarefa de resgate e havia uma forte ligação entre os dois. Phillips manteve o contato, enquanto exortava os navios que estavam mais perto.

– Que chamado você está enviando? – perguntou Smith.

– CQD – respondeu Phillips distraidamente.

Bride teve uma ideia brilhante. Embora CQD fosse o chamado de socorro tradicional, uma convenção internacional tinha acabado de adotar o uso, em seu lugar, das letras SOS – fáceis de captar até pelo amador mais inexperiente. Bride sugeriu:

– Envie SOS; é o chamado novo, e pode ser sua última chance de enviá-lo.

Phillips riu da piada e mudou o chamado. O relógio do camarim de rádio marcava 0h45 quando o Titanic enviou o primeiro SOS da história.

Nenhum dos navios contatados parecia tão promissor quanto o da luz que piscava a dez milhas a bombordo da proa do Titanic. Pelo binóculo, o quarto oficial Boxhall via claramente que era um navio a vapor. Quando tentou entrar em contato usando a lâmpada Morse, achou que tinha visto uma resposta. No entanto, não conseguiu entender nada e acabou concluindo que era a luz de mastro piscando.

Eram necessárias medidas mais drásticas. Assim que o contramestre Rowe chegou ao passadiço, o capitão Smith perguntou se ele trouxera os foguetes. Rowe mostrou-os, e o capitão ordenou:

– Dispare um e depois outro a cada cinco ou seis minutos.

À 0h45, um clarão ofuscante rasgou a noite. O primeiro foguete subiu a estibordo do passadiço. Foi lançado para o alto... bem alto, muito acima do emaranhado de mastros e cordame. Então, com um estalo distante, abafado, explodiu, e uma chuva de brilhantes estrelas brancas desceu flutuando lentamente para o mar. Na luz branco-azulada, o quinto oficial Lowe lembrou-se de ter vislumbrado o rosto espantado de Bruce Ismay.

A dez milhas dali, o aprendiz James Gibson estava no passadiço do Californian. O estranho navio que tinha chegado do leste não se movera por uma hora, e Gibson estudava-o com interesse. Pelo binóculo, dava para ver as suas luzes laterais e um clarão no convés de popa. Em certo momento, pensou que estavam enviando sinais ao Californian com uma lâmpada Morse. Tentou responder com sua lâmpada, mas logo desistiu. Concluiu que era a luz de mastro piscando.

O segundo oficial Herbert Stone, no passadiço do Californian, também estava de olho naquele navio estranho. À 0h45, viu o clarão súbito de uma explosão de luz branca sobre ele. Estranho, pensou, que um navio estivesse disparando foguetes durante a noite.

“Vá, que eu ficarei um pouco mais”

O passageiro da segunda classe Lawrence Beesley considerava-se o último dos leigos em coisas do mar, mas até ele sabia o que um foguete significava. O Titanic precisava de ajuda, tanto que estava chamando qualquer navio perto o bastante para enxergar os sinais de luz.

Os outros no convés principal também entenderam. Acabaram-se as brincadeiras e as protelações. Na verdade, mal havia tempo para despedir-se.

– Está tudo bem, mocinha – disse Dan Marvin à esposa, com quem acabara de casar. – Vá, que eu ficarei um pouco mais. – E atirou-lhe um beijo quando ela entrou no bote.

– Vejo você daqui a pouco – afirmou Adolf Dyker, sorrindo, enquanto ajudava sua mulher a passar pela borda.

– Tenha coragem; aconteça o que acontecer, tenha coragem – recomendou o dr. W. T. Minahan à esposa, recuando para ficar com os outros homens.

O sr. Turrell Cavendish não disse nada à sra. Cavendish. Apenas um beijo... um longo olhar... outro beijo... e ele desapareceu na multidão.

Mark Fortune ficou com os objetos de valor da esposa,

enquanto ele e o filho Charles despediam-se da sra. Fortune e de suas três filhas.

– Eu cuido deles; iremos no próximo bote – explicou.

– Charles, cuide do papai – gritou uma das meninas ao irmão.

– Você precisa vir comigo – implorou a sra. Walter D. Douglas ao seu marido.

– Não – respondeu ele, virando-se. – Devo agir como um cavalheiro.

– Tente ficar com o major Butt e o sr. Moore – disse ela, em um último conselho de esposa. – Eles são grandes e fortes e com certeza vão ficar bem.

Algumas mulheres ainda se recusavam a deixar o navio. O sr. e a sra. Edgar Meyer, de Nova York, sentiram-se tão constrangidos por discutir sobre isso em público que desceram para o camarote. Lá, decidiram separar-se por causa do bebê.

Arthur Ryerson precisou ser rígido com a esposa:

– Você tem de obedecer às ordens. No momento em que eles disserem "Mulheres e crianças para os botes", você *terá de* ir quando chegar sua vez. Eu vou ficar aqui com Jack Thayer. Estaremos bem.

Alexander T. Compton Jr. foi igualmente firme quando sua mãe anunciou que preferia ficar a deixá-lo para trás:

– Não seja tola, mãe. Você e minha irmã vão para o bote; eu saberei me cuidar.

O sr. e a sra. Lucien Smith estavam tendo o mesmo tipo de discussão. Vendo o capitão ali perto com um megafone, a sra. Smith teve uma inspiração. Aproximou-se, explicou que era sozinha no mundo e perguntou se o marido podia ir com ela. O velho capitão ignorou-a, levantou o megafone e gritou:

– Mulheres e crianças primeiro!

Nesse momento, o sr. Smith interveio:

– Não ligue para isso, capitão; vou providenciar para que ela entre no bote.

Voltando-se para a esposa, falou muito lentamente:

– Nunca imaginei que fosse lhe pedir que obedecesse, mas este é o momento de fazer isso. É só uma formalidade embarcar mulheres e crianças primeiro. O navio está completamente equipado e todos nele serão salvos.

A sra. Smith perguntou-lhe se estava sendo totalmente sincero. O sr. Smith respondeu com um firme e decisivo "Sim". Despediram-se com um beijo, e, quando o bote desceu para o mar, ele gritou do convés:

– Fique com as mãos no bolso; está muito frio.

Às vezes era preciso mais do que uma artimanha amável. A sra. Emil Taussig estava agarrada ao marido quando o bote 8 começou a descer com a sua filha. O sr. Taussig virou-se e gritou:

– Ruth!

A breve distração foi suficiente: dois homens a arrancaram do sr. Taussig e a colocaram no bote que descia.

Um marinheiro puxou a sra. Charlotte Collyer pelo braço, outro, pela cintura, afastando-a do marido, Harvey. Esperneando para soltar-se, ela o ouviu exclamar:

– Vá, Lottie! Pelo amor de Deus, tenha coragem e vá! Vou pegar um lugar em outro bote!

Quando Celiney Yasbeck constatou que teria de ir sozinha, começou a gritar e a chorar para voltar junto ao marido, mas o bote desceu ao mar enquanto ela, em vão, tentava sair.

Não havia persuasão nem força que conseguisse mover a sra. Hudson J. Allison, de Montreal. Um pouco distante dos outros, ela se aconchegava ao marido, enquanto a filhinha deles, Lorena, puxava-lhe a saia.

A sra. Isidor Straus também se recusou a ir:

– Sempre fiquei com meu marido; por que haveria de deixá-lo agora?

Eles tinham realmente um longo caminho juntos: as cinzas da Confederação... o pequeno negócio de cerâmica na Filadélfia... a transformação da Macy's em uma instituição nacional... o Congresso... e agora o crepúsculo feliz, que coroava uma vida bem-sucedida – conselhos consultivos, casas de caridade, passatempos, viagens. Naquele inverno, tinham ido a Cap Martin, e a viagem inaugural do Titanic parecera-lhes uma forma agradável de encerrar o passeio.

Naquela noite, os Straus foram ao convés com os outros, e no início a sra. Straus parecia ter dúvidas sobre o que fazer. Em certo momento, entregou algumas pequenas joias a sua criada, Ellen Bird, para em seguida pegá-las de volta. Depois, atravessou o convés principal e quase embarcou no bote 8, mas fez meia-volta e juntou-se de novo ao marido. Tinha decidido:

– Estivemos vivendo juntos por muitos anos. Aonde você for, eu irei.

Archibald Gracie, Hugh Woolner e outros amigos tentaram em vão fazê-la ir. Woolner virou-se para o sr. Straus.

– Tenho certeza de que ninguém se oporia a que um cavalheiro idoso como o senhor embarcasse...

– Não vou antes dos outros homens – disse ele, encerrando a questão. Então, o sr. e a sra. Straus sentaram-se juntos em um par de espreguiçadeiras.

Mas a maioria das mulheres entrou nos botes – as casadas escoltadas pelos maridos, e as solteiras, por homens que tinham se prontificado a cuidar delas. Aquela era uma época em que os cavalheiros ofereciam formalmente seus serviços às "senhoras desprotegidas" no início de uma viagem transatlântica. Naquela noite, a cortesia veio a calhar.

A sra. William T. Graham, Margaret, de dezenove anos, e sua governanta, a srta. Shutes, foram ajudadas a embarcar no bote 8 por Case Howard, gerente da Vacuum Oil de Londres, e pelo jovem Washington Augustus Roebling, herdeiro de siderúrgicas que estava se estabelecendo por conta própria como diretor da fábrica da Mercer Automobile em Trenton, Nova Jersey. Enquanto o barco descia ao mar, a sra. Graham viu Case, debruçado na amurada, acender um cigarro e acenar adeus.

A sra. E. D. Appleton, a sra. R. C. Cornell, a sra. J. Murray Brown e a srta. Edith Evans, que retornavam do funeral de um parente na Grã-Bretanha, estavam sob a proteção do coronel Gracie, mas este as tinha perdido no meio da multidão e só as reencontrou muito mais tarde.

Talvez o coronel estivesse distraído por conta de seus esforços simultâneos para cuidar da sra. Churchill Candee, sua companheira de mesa no salão de jantar. A sra. Candee estava voltando de Paris para ver o filho, que sofrera um novo tipo de acidente, com um avião – e ela devia ser de fato muito atraente. Praticamente todos queriam protegê-la.

Quando Edward A. Kent, outro companheiro de mesa, a encontrou depois da colisão, ela confiou a ele a guarda de uma miniatura de marfim da mãe. Então, Hugh Woolner e Bjornström Steffanson chegaram e ajudaram-na a embarcar no bote 6. Woolner acenou adeus, assegurando-lhe que se encarregariam de sua volta a bordo quando o Titanic "estabilizasse". Um pouco mais tarde, Gracie e Clinch Smith apareceram, também em busca da sra. Candee, mas Woolner disse-lhes, talvez um tanto cheio de si, que tinham cuidado dela e que ela já partira em segurança.

E era bom que assim fosse, pois a inclinação do convés estava mais acentuada, e até os despreocupados começavam a ficar apreensivos. Algumas pessoas que tinham deixado tudo em sua cabine pensaram melhor e aventuraram-se a descer para buscar seus objetos de valor. Havia surpresas desagradáveis à espera deles. Celiney Yasbeck descobriu que o camarote dela estava completamente debaixo d'água. O mesmo aconteceu a Gus Cohen. Victorine, a criada francesa dos Ryersons, teve uma experiência ainda mais perturbadora. Encontrou a cabine ainda seca, mas, enquanto a revistava, ouviu uma chave girando e de repente percebeu que o camareiro estava trancando a porta para evitar saques. Gritou bem a tempo de impedi-lo de deixá-la trancada. Sem abusar mais da sorte, voltou rapidamente ao convés com as mãos vazias.

Estava claro que o tempo se esgotava. Thomas Andrews andou de bote em bote, instando as mulheres a apressarem-se:

– As senhoras *precisam* embarcar imediatamente. Não há um minuto a perder. Não dá para ficar escolhendo um bote. Não hesitem. Embarquem, embarquem!

Andrews tinha bons motivos para estar exasperado. As mulheres nunca tinham sido mais imprevisíveis. Uma moça à espera de embarcar no bote 8 de repente gritou:

– Esqueci a fotografia do Jack e tenho de ir buscá-la!

Todos protestaram, mas ela correu para baixo. Em um instante, reapareceu com a foto e foi levada às pressas para o bote.

Era tudo tão urgente – e, no entanto, tão calmo – que o segundo oficial Lightoller achou que estava perdendo tempo quando o oficial-chefe Wilde lhe pediu que o ajudasse a procurar as armas de fogo. Rapidamente, ele levou o capitão, Wilde e o primeiro oficial Murdoch até o armário onde elas ficavam guardadas. Wilde colocou uma das armas na mão de Lightoller, comentando:

– Você pode precisar dela.

Lightoller enfiou-a no bolso e correu de volta para o bote.

Um após outro, os botes desciam rapidamente ao mar: o 6, à 0h55... o 3, à 1h... o 8, à 1h10. Vendo-os partir, o passageiro da primeira classe William Carter aconselhou Harry Widener a tentar embarcar. Widener abanou a cabeça.

– Acho que vou ficar no navio grande, Billy, e arriscar a sorte.

Alguns membros da tripulação não estavam tão otimistas. Quando o segundo camareiro assistente Wheat viu o camareiro-chefe Latimer vestindo o colete salva-vidas por cima do casaco, sugeriu-lhe que o pusesse debaixo do casaco, para facilitar a natação.

No passadiço, enquanto disparava mais foguetes com o contramestre Rowe, o quarto oficial Boxhall ainda não conseguia acreditar no que estava acontecendo.

– Capitão – perguntou –, isto é grave *mesmo*?

– O sr. Andrews me disse – respondeu Smith calmamente – que dá de uma hora a uma hora e meia ao navio.

Lightoller tinha um critério mais tangível: a íngreme e estreita escada de emergência que ligava o convés principal ao convés E. A água subia por ela lentamente, e de vez em quando Lightoller caminhava até a entrada e verificava o número de degraus submersos. Conseguia ver muito facilmente, pois as luzes ainda brilhavam sob a água de um verde esmaecido.

A sua medição mostrava que o tempo estava voando. O ritmo ficou mais rápido – e mais desordenado. Uma bela moça francesa tropeçou e caiu quando tentava embarcar no bote 9. Uma mulher idosa vestida de preto errou completamente ao subir no 10, desabando entre a proa e o costado do navio. Mas, enquanto a multidão prendia a respiração, alguém milagrosamente a pegou pelo tornozelo. Outros a puxaram para o convés de passeio, e ela subiu para o convés principal para tentar de novo. Dessa vez, conseguiu.

Alguns perderam o autocontrole. Uma senhora causou um grande alvoroço no 9, soltou-se de todo mundo e fugiu do bote. Uma mulher histérica debatia-se sem resultado, tentando embarcar no 11. O garçom Witter subiu à amurada para ajudá-la, porém ela perdeu o equilíbrio, e os dois caíram no bote juntos. Uma mulher grande e gorda estava chorando perto do 13:

– Não me ponham no bote. Não quero ir para o bote! Nunca estive em um barco aberto em toda a minha vida!

O garçom Ray ignorou os protestos dela:

– A senhora tem de ir, e deve também ficar calma.

Um plano para encher alguns dos botes pelos portalós inferiores fracassou completamente. As portas que deveriam ser usadas nunca foram abertas. Os botes que deveriam esperar remaram para longe. As pessoas que deveriam ir neles ficaram abandonadas. Quando os Caldwells e vários outros desceram até um portaló fechado no convés C, alguém que não sabia do plano trancou a porta atrás deles. Mais tarde, alguns homens no convés acima descobriram o grupo e baixaram uma escada para que subissem.

A escassez de pessoal treinado piorou a situação. Alguns dos melhores homens tinham sido designados para tripular os primeiros botes. Outros marinheiros experientes estavam longe em trabalhos especiais – juntando lanternas, abrindo as janelas do convés A, ajudando a disparar foguetes. Seis tripulantes foram perdidos quando desceram para abrir uma das pranchas de embarque inferiores; nunca mais voltaram... provavelmente ficaram presos lá embaixo. Lightoller passou a racionar os homens que lhe restavam – apenas dois por bote salva-vidas.

O 6 tinha descido até a metade do caminho quando uma mulher gritou para o convés principal:

– Só temos um marinheiro no bote!

– Alguém aqui é marinheiro? – perguntou Lightoller aos que estavam no convés.

– Se você quiser, eu vou – disse uma voz na multidão.

– Você é marinheiro?

– Sou velejador.

– Se for marinheiro o bastante para descer por esses cabos, pode ir para baixo.

O major Arthur Godfrey Peuchen, vice-comodoro do Royal Canadian Yacht Club, lançou-se para fora pendurado no cabo de vante e deslizou para baixo até o bote. Foi o único passageiro do sexo masculino que Lightoller permitiu embarcar naquela noite.

Os homens tinham mais sorte a estibordo. Murdoch continuava permitindo que embarcassem se houvesse espaço. O aviador Pierre Marechal e o escultor Paul Chevré, franceses, subiram no bote 7. Um par de compradores da Gimbels ocupou o 5. Quando chegou o momento de descer o 3, Henry Sleeper Harper não apenas se juntou à esposa, como levou seu pequinês Sun Yat-sen e um dragomano egípcio chamado Hamad Hassah, que havia recrutado no Cairo como uma espécie de piada.

Do mesmo lado, o dr. Washington Dodge estava parado pouco à vontade à sombra do bote 13 quando o garçom de salão de jantar Ray deu por ele. Ray perguntou-lhe se sua esposa e seu filho tinham partido, e Dodge respondeu que sim. Ray ficou aliviado, porque tinha um interesse pessoal neles. Servira os Dodges na viagem de ida no Olympic. Na verdade, fora ele que os convencera a tomar o Titanic na volta. De certa maneira, era por isso que os Dodges estavam a bordo... Não era hora para filosofia...

– É melhor o senhor entrar aí – disse Ray, empurrando o médico para o bote.

No 1, a cena foi quase cerimoniosa. Sir Cosmo Duff Gordon, a esposa e a secretária, srta. Francatelli, que lady Duff Gordon gostava de chamar de miss Franks, perguntaram a Murdoch se poderiam entrar.

– Ora, com certeza; ficarei muito satisfeito – respondeu Murdoch, de acordo com sir Cosmo. (Em outra versão, o vigia

George Symons, que estava por perto, achou que Murdoch teria dito apenas: "Sim, passem".)

Dois norte-americanos, Abraham Solomon e C. E. H. Stengel, chegaram e foram convidados a entrar também. Stengel teve dificuldade para subir à amurada; acabou conseguindo e rolou para o bote. Murdoch, ágil como uma lebre, riu agradavelmente, comentando:

– Essa foi a coisa mais engraçada que vi esta noite.

Não parecia haver mais ninguém por ali – todos os botes nas proximidades tinham ido embora e as outras pessoas se deslocaram para a ré. Quando os cinco passageiros foram embarcados em segurança, Murdoch acrescentou seis foguistas, pôs o vigia Symons no comando e ordenou:

– Fiquem afastados do costado do navio e voltem quando chamarmos.

Em seguida, acenou para os homens nos turcos, e eles baixaram o bote 1, que tinha lugar para quarenta pessoas, com exatamente doze passageiros.

Enquanto o bote descia rangendo, o graxeiro Walter Hurst assistia a tudo do convés do poço a vante. Lembra-se de ter comentado, com um pouco de sarcasmo:

– Se estão mandando os botes embora, podiam também pôr gente neles.

Embaixo, na terceira classe, estavam aqueles que nem sequer tiveram a oportunidade de não conseguir embarcar no bote 1. Um enxame de homens e mulheres amontoava-se ao pé da escadaria principal da coberta, a toda a ré no convés E. Estavam ali desde que os camareiros os tinham tirado da cama. No início, havia apenas mulheres e casais; em seguida, no entanto, os homens chegaram da vante, voltando com a bagagem, aos borbotões, pela "Scotland Road". Agora todos se aglomeravam – barulhentos e inquietos, parecendo mais presidiários do que passageiros, em meio aos tetos baixos, às lâmpadas nuas, à simplicidade miserável das paredes brancas e lisas.

O camareiro da terceira classe John Edward Hart lutava para fazê-los vestir o colete salva-vidas. Não estava tendo muito sucesso – em parte porque também assegurava a todos que não corriam perigo, em parte porque muitos deles não entendiam inglês. O intérprete Muller fazia o melhor que podia com as dúzias de finlandeses e suecos, porém tudo ia muito devagar.

À meia-noite e meia, chegaram de cima ordens para enviar as mulheres e crianças para o convés principal. Não havia sentido esperar que elas conseguissem encontrar sozinhas o caminho pelo labirinto de passagens normalmente vedadas para a terceira classe; então, Hart decidiu escoltá-las em pequenos grupos. Isso também era demorado, mas finalmente um comboio foi organizado e partiu.

Era uma longa viagem: subir as grandes escadas para o salão da terceira classe no convés C; atravessar o convés aberto do poço; passar pela biblioteca da segunda classe e pelos camarotes da primeira classe; descer o longo corredor em que ficavam o consultório médico e o salão particular das criadas e dos valetes dos passageiros da primeira classe; e finalmente subir a escadaria até o convés principal.

Hart levou o grupo até o bote 8, entretanto o trabalho não tinha acabado. Tão rápido como ele as fazia embarcar, elas desembarcavam e voltavam para dentro, onde estava quente.

Passava da uma da manhã quando Hart voltou ao convés E para organizar outra viagem. Não tinha ficado mais fácil. Muitas mulheres ainda se recusavam a sair dali. Por outro lado, alguns homens agora insistiam em ir. Isso, contudo, estava fora de questão, de acordo com as ordens que ele recebera.

Finalmente, partiu de novo para a mesma longa caminhada. Era 1h20 quando chegou ao convés principal e levou o grupo ao bote 15. Não havia tempo para ir buscar mais gente. Murdoch ordenou-lhe que embarcasse e ele partiu com o segundo grupo por volta da 1h30.

Não havia uma política rígida. De um jeito ou de outro, muitos passageiros da terceira classe evitaram o beco sem saída do convés E e chegaram aos conveses superiores. Lá, permaneceram esperando, sem ninguém para orientá-los ou ajudá-los. Algumas das barreiras que delimitavam suas acomodações tinham caído. Os que passaram por essas aberturas ficaram vagando por outras partes do navio. Alguns acabaram encontrando o caminho para o convés principal.

Mas a maior parte das barreiras não tinha caído, e os passageiros da terceira classe que perceberam o perigo e se dirigiram para os botes o faziam estritamente por conta própria.

Como um carreiro de formigas, uma fina fila deles subiu por um guindaste no convés do poço a ré, rastejou pela longarina até os alojamentos da primeira classe, passou sobre a amurada e continuou subindo até o convés principal.

Alguns atravessaram por baixo de uma corda que tinha sido estendida através do convés do poço a ré, confinando-os ainda mais para a popa do que a barreira normal. Depois disso, no entanto, era bastante fácil chegar à escada da segunda classe e subir para os botes.

Outros conseguiram de algum modo chegar à área de passeio da segunda classe no convés B, porém não puderam encontrar o caminho para prosseguir. Desesperados, recorreram a uma escada de emergência para uso da tripulação. Essa escada ficava perto das janelas iluminadas do restaurante *à la carte* da primeira classe. Quando Anna Sjoblom estava prestes a subir por ela com outra moça, elas olharam para dentro. Maravilharam-se com as mesas lindamente arrumadas com prataria e porcelana para o dia seguinte. A outra moça teve um impulso de quebrar a janela e entrar, mas Anna a convenceu de que a empresa poderia fazer com que elas pagassem pelos danos.

Muitos homens da terceira classe subiram por outra escada de emergência do convés do poço a vante e depois pela escada normal da primeira classe até os botes.

Outros batiam nas barreiras, exigindo que os deixassem passar. Quando o passageiro da terceira classe Daniel Buckley subiu alguns degraus que levavam a uma passagem para a primeira classe, o homem à sua frente foi atirado para baixo por um marinheiro que estava de guarda. Furioso, o passageiro reergueu-se e subiu correndo a escada outra vez. O marinheiro deu uma olhada, trancou a porta e fugiu. O passageiro arrombou a tranca e passou, vociferando o que faria se pegasse o marinheiro. Com a porta derrubada, Buckley e dezenas de outros irromperam na primeira classe.

Em outra barreira, um marinheiro deteve Kathy Gilnagh, Kate Mullins e Kate Murphy. (No Titanic todas as moças irlandesas pareciam chamar-se Katherine.) De repente, o passageiro da terceira classe Jim Farrell, um robusto irlandês do condado natal das moças, abriu caminho para cima.

– Por Deus, homem! – rugiu. – Abra a porta e deixe as moças passarem!

Foi uma excelente demonstração de puro poder da voz. Para surpresa das moças, o marinheiro obedeceu mansamente.

Mas, para cada passageiro da terceira classe que encontrava uma forma de subir, centenas perambulavam sem rumo no convés do poço a vante... no convés da popa... ou ao pé da escada do convés E. Alguns refugiaram-se em sua cabine. Foi o caso de Mary Agatha Glynn e quatro companheiras desanimadas. Elas foram encontradas pelo jovem Martin Gallagher, que as escoltou rapidamente para o bote 13 e voltou para o convés. Outros recorreram à oração. Quando o passageiro Gus Cohen passou pelo salão de jantar da terceira classe cerca de uma hora após o acidente, viu um grande número de pessoas reunidas lá, muitas com um rosário nas mãos.

Os empregados do restaurante *à la carte* da primeira classe estavam passando por uma situação bem difícil. Não eram uma coisa nem outra: nem passageiros, obviamente, tampouco tripulantes, do ponto de vista técnico. O restaurante não era administrado pela White Star Line, e sim por *monsieur* Gatti, como concessionário. Assim, os funcionários não se encaixavam em nenhuma categoria. E, para piorar, eram franceses e italianos – objeto de profunda desconfiança dos anglo-saxões em um momento como aquele, em 1912.

Desde o início, não tinham a menor chance. O garçom Johnson lembra-se de vê-los amontoados em rebanhos embaixo, perto do alojamento deles no convés E a ré. O gerente Gatti, o chef e o assistente do chef de cozinha, Paul Maugé, foram os únicos que chegaram ao convés principal. Conseguiram passar porque por acaso estavam vestidos à paisana; a tripulação achou que eram passageiros.

Na praça de máquinas, ninguém teve tempo de pensar em escapar. Homens lutavam desesperadamente para manter o vapor sob pressão... as luzes acesas... as bombas funcionando. O maquinista-chefe Bell fez subir todas as portas estanques a ré da sala de caldeiras 4 – quando a água chegasse ali, elas poderiam ser fechadas de novo; enquanto isso, ficaria mais fácil movimentar-se.

O graxeiro Fred Scott trabalhava para libertar um companheiro preso no túnel a ré atrás de uma das portas. O graxeiro Thomas Ranger desligou o último dos 45 ventiladores – usavam eletricidade demais. O carvoeiro Thomas Patrick Dillon ajudou a arrastar longas seções de tubo dos compartimentos a ré, para extrair mais volume da bomba de sucção da sala de caldeiras 4.

Lá, o carvoeiro George Cavell estava ocupado contendo as chamas das caldeiras. Isso significava ainda menos potência, mas ao menos não haveria nenhuma explosão quando o mar chegasse àquela sala. Era cerca de 1h20 e o trabalho estava quase terminado quando ele percebeu que estava escoando água pelas placas de metal do piso. Cavell trabalhou mais rápido. Quando a água lhe chegou aos joelhos, decidiu que já bastava. Estava quase no topo da escada de escape quando se deu conta de que tinha abandonado seus companheiros. Desceu novamente, apenas para descobrir que eles também já tinham ido embora. Com a consciência tranquila, subiu de novo, dessa vez para sempre.

A essa altura, a maioria dos botes já tinha ido embora. Um a um, afastavam-se do Titanic lentamente, os remos fendendo e espirrando a água do mar liso como vidro.

– Nunca tive um remo nas mãos, mas acho que consigo remar – disse um camareiro à sra. J. Stuart White quando o bote 8 partiu.

Em cada bote, todos os olhos estavam grudados no Titanic. Os altos mastros, as quatro grandes chaminés destacando--se nítidas e negras na clara noite azul, os conveses de passeio iluminados, as longas filas de vigias resplandecentes de luz. Dos botes viam-se as pessoas alinhadas ao longo das amuradas; ouvia-se o *ragtime* soando no ar imóvel da noite. Parecia impossível que houvesse algo errado com o transatlântico; no entanto, ali estavam eles, no mar, e atrás deles, o navio, bem adernado na proa. Brilhantemente iluminado de ponta a ponta, parecia um bolo de aniversário solado.

Desajeitadamente, os botes continuaram afastando-se. Os que tinham recebido instruções de ficar por perto pousaram os remos. Outros, instruídos a dirigir-se para o navio a vapor cujas luzes brilhavam na distância, começaram a dolorosa jornada.

O outro navio parecia estar torturantemente perto. Tão perto que o capitão Smith disse ao pessoal que estava no bote 8 que fosse até lá, desembarcasse os passageiros e voltasse para buscar mais. Quase ao mesmo tempo, perguntou ao contramestre Rowe, que estava no canhão de foguetes, se ele sabia transmitir em código Morse. Rowe respondeu que sabia um pouco, e o capitão pediu:

– Chame aquele navio e, quando ele responder, diga: "Somos o Titanic indo a pique, preparem todos os seus botes".

Boxhall já tinha tentado contatar o outro navio, mas Rowe estava mais do que disposto a arriscar a sorte; assim, entre um disparo de foguete e outro, ia chamando, repetidamente, sempre sem resposta. Então, disse ao capitão Smith que achava ter visto outra luz no quadrante a estibordo. O velho comandante forçou a vista no binóculo e, cortesmente, explicou a Rowe que era um planeta. Mas gostou da boa disposição de seu jovem contramestre e emprestou-lhe o binóculo para que ele mesmo visse.

Boxhall, enquanto isso, continuava disparando foguetes. Mais cedo ou mais tarde, de algum modo, eles acordariam o outro navio.

No passadiço do Californian, o segundo oficial Stone e o aprendiz Gibson contaram os foguetes: cinco até à 0h55. Gibson tentou usar a lâmpada Morse outra vez, e à 1h ergueu o binóculo para dar outra olhada. Foi então que viu o sexto foguete.

À 1h10, pelo tubo de comunicação com o camarim de navegação, contou ao capitão Lord, que perguntou:

– São sinais da companhia?

– Não sei – respondeu Stone. – Parece que são foguetes brancos.

O capitão aconselhou-o a continuar tentando com a lâmpada Morse.

Um pouco mais tarde, Stone entregou o binóculo a Gibson, comentando:

– Dê uma olhada nele agora. Parece estranhamente fora da água... as luzes estão esquisitas...

Gibson estudou o navio com cuidado. Parecia estar adernando. Estava, como descreveu ele, com "um grande costado fora da água". E Stone, em pé ao lado dele, notou que a luz lateral vermelha do outro navio tinha desaparecido.

“Acho que ele está perdido, Hardy”

Os outros navios pareciam simplesmente não entender. À 1h25, o Olympic perguntou:

– Vocês estão vindo para o sul para nos encontrar?

Pacientemente, Phillips explicou:

– Estamos colocando as mulheres nos botes.

Em seguida, o Frankfort:

– Já há algum navio perto de vocês?

Phillips o ignorou. Pouco depois, o Frankfort pedia mais detalhes. Era demais. Phillips levantou-se de um salto, quase gritando:

– Que idiota! Está perguntando: "O que é que há, meu velho?". – Então retrucou com raiva: – Seu idiota, fique à espera e não se meta.

De vez em quando o capitão Smith aparecia – uma vez para avisar que a eletricidade estava acabando... outra para dizer que o navio não aguentaria muito mais tempo... mais tarde para relatar que a água tinha alcançado a praça de máquinas. À 1h45, Phillips implorou ao Carpathia:

– Venha o mais rápido possível, meu velho; a praça de máquinas está cheia até as caldeiras.

Enquanto isso, Bride acomodou um casaco nos ombros de Phillips e, em seguida, deu um jeito de colocar nele um colete salva-vidas. Fazê-lo calçar as botas era mais complicado. Phillips perguntou se ainda restava algum bote – talvez as botas não fossem necessárias.

Depois de entregar o aparelho a Bride, saiu para ver o que estava acontecendo. Voltou abanando a cabeça.

– As coisas estão muito esquisitas.

E estavam mesmo. O mar agora cobria o convés do poço a vante do Titanic... agitava-se em torno dos guindastes, das escotilhas, do pé do mastro... golpeava a base da superestrutura branca. O rugido do vapor desaparecera, os foguetes tinham parado de esfrangalhar os nervos – mas a inclinação do convés estava mais acentuada e o navio se encontrava horrivelmente adernado a bombordo.

Por volta da 1h40, o oficial-chefe Wilde gritou:

– Todos para estibordo para endireitar o navio!

Passageiros e tripulantes marcharam para estibordo e o Titanic voltou vagarosamente a nivelar-se. O trabalho nos botes recomeçou.

Quando preparavam o 2 para ser lançado, à 1h45, o garçom Johnson, com os bolsos cheios de laranjas, gritou para o convés principal pedindo uma navalha para cortar os cabos. O marinheiro McAuliffe jogou uma para baixo, exclamando:

– Lembre-se de devolvê-la em Southampton!

McAuliffe era provavelmente o último homem no Titanic com tanta certeza de voltar a Southampton.

O primeiro oficial Murdoch estava mais bem informado.

Caminhando pelo convés com o camareiro-chefe da segunda classe Hardy, suspirou:

– Acho que ele está perdido, Hardy.

Não havia mais dificuldade alguma para convencer as pessoas a deixar o navio. Paul Maugé, assistente do chef de cozinha, saltou de uma altura de mais de três metros para um bote que estava sendo baixado. Alguém em um convés inferior tentou arrastá-lo para fora, mas ele se desvencilhou e ficou a salvo.

O passageiro da terceira classe Daniel Buckley, depois de passar pela porta quebrada e chegar ao convés principal em segurança, deixou de arriscar a sorte. Com vários outros homens, pulou para um bote e encolheu-se lá dentro, chorando. A maioria foi levada de volta para fora, mas ele conseguiu em algum lugar um xale de mulher. Disse que a sra. Astor o cobrira com ele. Em todo caso, o disfarce funcionou.

Outro jovem, quase um menino, não foi tão afortunado. O quinto oficial Lowe pegou-o debaixo de um assento no bote 14, implorando para ficar e dizendo que não ia ocupar muito espaço. Lowe sacou a arma, porém o garoto suplicou com mais empenho. Então, Lowe mudou de tática, dizendo a ele para agir como homem, e assim conseguiu que saísse. A essa altura, a sra. Charlotte Collyer e outras mulheres no bote estavam soluçando, e Marjory, sua filha de oito anos, juntou-se ao tumulto, puxando o braço de Lowe e chorando:

– Moço, não atire, por favor, não atire no pobre menino!

Lowe sorriu para ela e fez um aceno tranquilizador com a cabeça. De todo modo, o garoto já tinha saído e estava deitado de bruços perto de um rolo de corda.

Mas os problemas do bote 14 não tinham acabado. Outra onda de homens o invadiu. O marinheiro Scarrott forçou-os a voltar golpeando-os com a cana do leme. Lowe novamente sacou a arma e gritou:

– Se mais alguém tentar entrar, é isto que vai ganhar! – Enquanto o bote descia para o mar, ele disparou três vezes ao longo do costado do navio.

Murdoch quase não conseguiu deter uma invasão do bote 15. Berrou para a multidão:

– Afastem-se! Afastem-se! Mulheres primeiro!

Totalmente a vante, havia mais problemas com o desmontável C, preso aos turcos usados pelo bote 1. Uma grande multidão se empurrava, tentando subir a bordo.

Dois homens caíram dentro do bote. O comissário Herbert McElroy disparou duas vezes para o ar. Murdoch gritou:

– Saiam daí! Saiam já daí!

Hugh Woolner e Bjornström Steffanson, atraídos pelos clarões da pistola, vieram correndo ajudar. Agarrando os culpados nos braços, nas pernas, em qualquer lugar, desocuparam o bote. O embarque continuou.

Jack Thayer estava de pé ao lado de Milton Long, jovem de Springfield, Massachusetts. Tinham-se conhecido naquela noite, tomando café depois do jantar. Após o acidente, Long, que viajava sozinho, ligou-se à família Thayer, mas ele e Jack perderam os Thayers mais velhos no meio da multidão no convés A. Agora estavam sozinhos, debatendo o que fazer, supondo que o resto da família já tivesse partido nos botes. Por fim, decidiram ficar longe do bote C, que, com todo aquele alvoroço, parecia que ia tombar.

Mas estavam enganados. Aos poucos, as coisas endireitaram-se e finalmente o bote C estava pronto para descer. O oficial-chefe Wilde gritou para saber quem estava no comando. Ao ouvi-lo, o capitão Smith virou-se para o contramestre Rowe, que continuava entretido com a lâmpada Morse, e mandou-o assumir o comando. Rowe saltou para dentro do bote e preparou-se para descê-lo.

O diretor-executivo Bruce Ismay encontrava-se ali, ajudando a preparar o bote. Estava mais calmo do que naqueles momentos iniciais, quando Lowe o tinha afastado aos berros – na verdade, parecia em tudo um tripulante do Titanic.

Aquele era um papel comum para Ismay, mas de modo algum o único. Às vezes, ele preferia o papel de passageiro. Até agora, durante a viagem, ele tinha passado de um para outro várias vezes.

Em Queenstown, fora uma espécie de supercapitão. Dissera ao maquinista-chefe Bell que velocidade queria para as diferentes etapas da viagem. Fixara o horário de chegada a Nova York na manhã de quarta-feira, em vez de na noite de terça. Tudo sem consultar o capitão Smith.

Mais tarde, no mar, Ismay fora principalmente um passageiro, apreciando a boa cozinha do restaurante *à la carte*, jogando *shuffleboard* ou *bridge*, tomando chá com biscoitos em sua espreguiçadeira a bombordo do convés A.

Naquele domingo, foi membro da tripulação o bastante para ver a mensagem com o alerta sobre o gelo mandada por outro navio. Na brilhante e ensolarada Palm Court, no momento em que o corneteiro chamava para o almoço, o capitão Smith dera-lhe o aviso do Baltic. Durante a tarde, Ismay, que gostava de lembrar às pessoas quem ele era, pescara a mensagem do bolso e acenara com ela para a sra. Ryerson e a sra. Thayer. Na sala de fumantes, antes do jantar, enquanto a luz do crepúsculo ainda brilhava pelas janelas tingidas de âmbar, o capitão Smith pedira a mensagem de volta. Depois disso, Ismay fora caminhando para o restaurante, imaculado em seu smoking, em tudo um passageiro da primeira classe.

Após o acidente, voltara a ser da tripulação: com o capitão no passadiço, consultando o maquinista-chefe Bell e, agora, apesar da bronca do quinto oficial Lowe, gritando ordens a respeito dos botes.

Então ocorreu outra mudança. No último momento, ele subiu no bote C, que desceu ao mar com 42 pessoas, incluindo Bruce Ismay, um passageiro como outro qualquer.

A maioria dos passageiros era diferente. William T. Stead, independente como sempre, ficou sentado sozinho lendo na sala de fumantes da primeira classe. Para o foguista Kemish, que passou por ali, pareceu que ele planejava ficar lá acontecesse o que acontecesse.

O reverendo Robert J. Bateman, de Jacksonville, estava do lado de fora, vendo a sra. Ada, sua cunhada, entrar em um bote.

– Se não a encontrar de novo neste mundo – gritou –, encontro-a no outro. – Então, enquanto o bote descia aos solavancos, tirou a gravata e jogou-a para ela como lembrança.

George Widener e John B. Thayer estavam debruçados na amurada do convés principal, conversando calmamente. Ao contrário do que supunha o jovem Jack, o pai dele não estava seguro em um bote e, na verdade, não pretendia entrar em um. A curta distância dos dois homens, Archie Butt, Clarence Moore, Arthur Ryerson e Walter Douglas estavam reunidos em silêncio. O major Butt mostrava-se muito tranquilo, não tinha nenhuma pistola, não exerceu nenhum papel ativo, apesar de mais tarde dizerem que ele praticamente assumira o comando.

Mais a ré, Jay Yates, descrito como um jogador que esperava ganhar uma bolada na viagem inaugural, estava sozinho e sem amigos. A uma mulher que entrava em um bote, entregou uma página arrancada de sua agenda. Assinada com um de seus pseudônimos, a anotação dizia: "Se sobreviver, informe minha irmã, a sra. F. J. Adams, de Findlay, Ohio. Perdido. J. H. Rogers".

Benjamin Guggenheim escreveu uma mensagem mais detalhada: "Se alguma coisa me acontecer, digam a minha mulher que fiz o melhor que pude para cumprir meu dever".

Na verdade, Guggenheim quase se superou. O suéter que o camareiro Etches o fizera vestir desaparecera, assim como o colete salva-vidas. Em vez deles, Guggenheim e seu valete estavam agora resplandecentes em trajes de noite.

– Estamos vestidos da melhor maneira – explicou – e preparados para ir a pique como cavalheiros.

Havia também alguns casais. Os Allisons estavam sorridentes no convés de passeio, a sra. Allison segurava a pequena Lorraine com uma das mãos e o marido com a outra. Os Straus estavam debruçados na amurada do convés principal, abraçando-se pela cintura. Um jovem casal do oeste esperava nas proximidades; quando Lightoller perguntou à moça se podia colocá-la em um bote, ela respondeu com jovialidade:

– De jeito nenhum. Começamos juntos e, se for preciso, vamos acabar juntos.

Archibald Gracie, Clinch Smith e uma dúzia de outros homens da primeira classe trabalhavam com a tripulação, carregando os últimos botes. Ao ajudarem a srta. Constance Willard, de Duluth, Minnesota, sorriram e disseram-lhe que fosse corajosa. Ela notou grandes gotas de suor escorrendo por suas testas.

Lightoller também estava suando. Arrancou o sobretudo. Mesmo de suéter e pijama, ele estava encharcado por causa do trabalho pesado. Parecia tão estranho naquela noite gélida que o cirurgião assistente Simpson, sempre brincalhão, exclamou:

– Olá, Lights, está com calor?

O cirurgião assistente estava com o velho dr. O'Loughlin, o comissário McElroy e o comissário assistente Barker; Lightoller juntou-se a eles por um momento. Todos apertaram-se as mãos e disseram:

– Adeus.

Não havia tempo para mais nada. Um olhar pela escada de emergência mostrou a Lightoller que a água estava agora no convés C... subindo rapidamente. Mas as luzes ainda estavam brilhantes... o *ragtime* ainda soava... o ritmo continuava animado.

Restavam apenas dois botes. Um deles, o 4, tinha sido uma dor de cabeça a noite inteira. Mais de uma hora antes, Lightoller o tinha baixado ao convés A, planejando carregá-lo de lá, mas as janelas estavam todas fechadas. Então, alguém notou que a fasquia de sondagem do Titanic estava estendida para fora diretamente abaixo do bote. O marinheiro Sam Parks e o armazenista Jack Foley desceram para cortá-la, mas tiveram dificuldade para encontrar um machado. Era perda de tempo. Lightoller correu para os outros botes – carregaria aquele mais tarde.

Enquanto isso, os passageiros que deveriam embarcar no 4 ficaram esperando. Era um grupo bem proeminente. Os Astors, os Wideners, os Thayers, os Carters e os Ryersons tinham ficado juntos. Na primeira vez que Lightoller ordenou que o bote fosse carregado, esposas, filhos, criadas e enfermeiras desceram para o convés de passeio para embarcar como um grupo. Quando descobriram que não poderiam embarcar, ficaram por lá mesmo.

A maioria dos maridos acabou aparecendo, e por mais de uma hora a nata da sociedade de Nova York e da Filadélfia limitou-se a esperar, enquanto as janelas eram abertas e a fasquia de sondagem cortada. Uma vez, receberam ordens de voltar para o convés principal, mas, em seguida, o segundo camareiro Dodd enviou-os direto para baixo de novo. Exasperada, a sra. Thayer exclamou:

– Diga-nos para onde ir, e iremos! Você ordenou que subíssemos para cá e agora está nos mandando voltar!

Era 1h45 quando Lightoller voltou. Agora ele estava com um pé no bote 4 e o outro no parapeito de uma janela aberta. Alguém colocou espreguiçadeiras junto à amurada para servirem de degraus. Os homens ficaram a postos para passar as mulheres e as crianças pelas janelas.

John Jacob Astor ajudou a sra. Astor a passar e depois quis saber se podia juntar-se a ela. Ela estava, como ele disse, "em condições delicadas".

– Não, senhor – esclareceu Lightoller. – Nenhum homem pode entrar nos botes antes que as mulheres tenham embarcado.

Astor perguntou que bote era aquele, e Lightoller respondeu:

– O número 4.

O coronel Gracie tinha certeza de que Astor só queria poder localizar a esposa mais tarde. Lightoller estava certo de que ele planejava fazer uma reclamação.

Depois, chegou a vez dos Ryersons. Arthur Ryerson notou que a criada francesa Victorine não tinha colete salva-vidas. Rapidamente, tirou o seu e afivelou-o nela. Quando a sra. Ryerson levou o filho Jack para a janela, Lightoller avisou:

– Esse menino não pode ir!

O sr. Ryerson avançou, indignado.

– É claro que o menino vai com a mãe; ele só tem treze anos!

Deixaram-no passar, enquanto Lightoller resmungava:

– Chega de meninos.

À 1h55, o bote 4 desceu ao mar, que estava só cinco metros mais abaixo. A sra. Ryerson ficou chocada ao constatar quanto o navio tinha afundado. Viu a água entrando pelas grandes vigias quadradas do convés C, fluindo entre o mobiliário de época das suítes de luxo. Então, voltou-se para o convés de passeio. O sr. Ryerson continuava em pé junto à amurada com o sr. Widener, olhando do alto para o bote. Pareciam muito tranquilos.

Restava apenas um bote. O desmontável D, preso aos turcos usados pelo bote 2, estava pronto para ser carregado. Não havia tempo a perder. O brilho das luzes começava a ficar avermelhado. De algum lugar lá embaixo vinha o barulho de louça quebrando. Jack Thayer viu um homem passar cambaleando com uma garrafa cheia de gim Gordon. Levou-a à boca e esvaziou-a. "Se eu me safar desta", pensou Thayer, "lá vai um homem que nunca mais vou ver." (Na verdade, ele foi um dos primeiros sobreviventes que Thayer encontrou.)

Lightoller não queria correr nenhum risco. A maioria dos passageiros tinha se deslocado para a ré, mas mesmo assim... um bote, 47 lugares, 1.600 pessoas. Fez a tripulação ficar de braços dados formando uma grande barreira em torno do bote D. Só as mulheres podiam passar.

Dois bebês foram trazidos pelo pai para a frente da barreira, transferidos para o outro lado e colocados no bote. O pai recuou para o meio da multidão. Ele se fazia chamar de "Hoffman" e dizia às pessoas que estava levando os meninos para visitar parentes nos Estados Unidos. Seu verdadeiro nome, porém, era Navatril, e ele havia sequestrado as crianças da ex-mulher.

Henry B. Harris, produtor teatral, escoltou a esposa até a barreira, onde lhe disseram que não poderia passar. Suspirou:

– Sim, eu sei. Vou ficar.

O coronel Gracie apressou-se para subir com a sra. John Murray Brown e a srta. Edith Evans, duas das cinco "senhoras desprotegidas" a quem tinha oferecido seus serviços na viagem. Foi parado na barreira, mas fez passar as mulheres. Elas chegaram ao bote D quando estavam começando a içar os cabos para descê-lo. Edith Evans virou-se para a sra. Brown:

– Vá primeiro. A senhora tem filhos esperando em casa.

Rapidamente, ajudou a sra. Brown a passar por cima da amurada. Então, alguém gritou para baixarem, e às 2h05 o desmontável D, o último de todos os botes, começou a descer ao mar – sem Edith Evans.

Diretamente abaixo, Hugh Woolner e Bjornström Steffanson estavam sozinhos junto à amurada. Tinha sido uma noite difícil – ajudando a sra. Candee, tentando salvar os Straus, arrastando aqueles covardes para fora do bote C. Agora, estavam no convés procurando alguém para ajudar, mas não havia absolutamente ninguém à vista. As luzes tinham um brilho avermelhado.

– Isto aqui está ficando um tanto apertado – observou Woolner. – Vamos passar pela porta no final.

Avançaram até a extremidade aberta do convés de passeio. Quando saíram, o mar inundou o convés, cobrindo-lhes os sapatos de noite e chegando-lhes até os joelhos. Saltaram para cima da amurada. A três metros de distância, viram o bote D descendo pelo costado do navio. Era agora ou nunca.

– Vamos tentar pular no bote! – gritou Woolner. – Há bastante espaço na proa!

Steffanson atirou-se, pousando de pernas para o ar na frente do bote. No segundo seguinte, Woolner também caiu, metade dentro, metade fora. Em mais um instante, o desmontável D chegou à água e afastou-se. Enquanto isso, o marinheiro William Lucas gritou do bote para Edith Evans, ainda parada no convés:

– Há outro bote que vai ser baixado para você.

“É assim que
as coisas são
em um momento
como este”

Com todos os botes no mar, uma calma curiosa pairou sobre o Titanic. A emoção e a confusão tinham acabado, e as centenas de pessoas deixadas para trás estavam em silêncio nos conveses superiores. Pareciam agrupar-se mais para dentro, tentando manter-se o mais longe possível da amurada.

Jack Thayer ficou com Milton Long a estibordo do convés principal. Estudaram um dos turcos vazios, usando-o como medida contra o céu para avaliar com que rapidez o navio estava afundando. Assistiram aos esforços desesperados para soltar dois botes desmontáveis amarrados ao telhado do alojamento dos oficiais. Trocaram mensagens para a família um do outro. Às vezes, apenas ficaram em silêncio.

Thayer pensou em todos os bons momentos que tivera e em todos os prazeres futuros que nunca desfrutaria. Pensou no pai e na mãe, nas irmãs e no irmão. Sentia-se muito longe de tudo, como se estivesse olhando de algum lugar distante. Estava com muita, muita pena de si mesmo.

O coronel Gracie, um pouco afastado, sentia-se curiosamente ofegante. Mais tarde, um tanto pomposamente, explicaria que era como a sensação de ficar com a "*vox faucibus haesit* [voz presa na garganta], como acontecia com frequência com o velho herói troiano de nossos tempos de escola". Naquele momento, apenas disse a si mesmo:

– Adeus a todos em casa.

No camarim de rádio, não havia tempo para tanta autopiedade nem para *vox faucibus haesit*. Phillips continuava trabalhando no rádio, mas a eletricidade estava muito fraca. Bride ainda estava por ali, vendo as pessoas revirarem o alojamento dos oficiais e o ginásio à procura de mais coletes salva-vidas.

Eram 2h05 quando o capitão Smith entrou no camarim pela última vez.

– Homens, vocês cumpriram plenamente seu dever. Não há mais nada que possam fazer. Abandonem a cabine. Agora é cada um por si.

Phillips levantou os olhos por um segundo e, em seguida, debruçou-se mais uma vez sobre o rádio. O capitão Smith tentou mais uma vez:

– Cuidem de si mesmos. Estou liberando vocês. – Fez uma pausa e depois acrescentou, baixinho: – É assim que as coisas são em um momento como este...

Phillips continuou trabalhando. Bride começou a reunir os papéis deles. O capitão Smith voltou ao convés principal andando e falando informalmente com os homens aqui e ali. Ao foguista James McGann, disse:

– Bem, rapazes, agora é cada um por si.

Ao graxeiro Alfred White:

– Bem, rapazes, acho que é cada um por si.

Ao camareiro Edward Brown:

– Bem, rapazes, façam o melhor que puderem pelas mulheres e crianças e cuidem de si mesmos.

Aos que estavam no telhado do alojamento dos oficiais:

– Vocês cumpriram seu dever, rapazes. Agora, cada um por si.

Depois, caminhou de volta ao passadiço.

Alguns dos homens levaram as palavras do capitão ao pé da letra e pularam no mar. O padeiro da noite Walter Belford saltou para o mais longe que pôde e caiu na água sentado, como uma bala de canhão. Ele ainda estremece e fica sem ar bruscamente quando se lembra do frio cortante. O graxeiro Fred Scott, que tinha acabado de subir da sala de caldeiras 4, tentou escorregar por uma rampa de bote, errou e caiu de barriga no mar. Foi resgatado pelo bote 4, que continuava perto do navio, mas estava tentando remar para longe dos barris e espreguiçadeiras que haviam começado a despencar do alto. O camareiro Cunningham deu um salto potente e também conseguiu chegar ao 4.

A maioria dos tripulantes, porém, preferiu ficar no navio. Em cima do alojamento dos oficiais, Lightoller viu o carvoeiro Hemming trabalhando em um dos desmontáveis presos... mas Hemming deveria ter partido havia muito tempo como parte da tripulação do bote 6.

– Por que não foi embora, Hemming?

– Ah, há muito tempo ainda, senhor.

Não muito longe dali, dois jovens camareiros olhavam ociosamente para Lightoller, Hemming e outros que trabalhavam. Na luz esmaecida do convés principal, seus jalecos brancos destacavam-se contra a amurada em que estavam encostados, debatendo sobre quanto tempo o navio ainda duraria. Espalhados por todo o convés principal, uns quinze mensageiros da primeira classe estavam igualmente à vontade – pareciam satisfeitos por ninguém se importar por eles estarem fumando. Nas proximidades, o instrutor de ginástica T. W. McCawley, um homenzinho lépido com calças de flanela branca, explicou por que não queria usar colete salva-vidas – ele mantém a pessoa à tona, mas a deixa mais lenta; achava que poderia nadar mais rapidamente para longe do navio sem colete.

Junto à entrada a vante da escadaria principal, entre a primeira chaminé e a segunda, a banda, agora com colete salva-vidas por cima do sobretudo, tocava *ragtime* com entusiasmo.

Os passageiros estavam igualmente calmos, embora também entre eles houvesse quem resolvesse se jogar na água. Frederick Hoyt embarcou a esposa no desmontável D, mergulhou e nadou até onde achava que o bote poderia passar. Adivinhou certo. Em poucos minutos, o bote D passou por ele e recolheu-o. Pelo resto da noite, com as roupas encharcadas sobre a pele, ele remou fortemente para evitar congelar-se.

Em sua maioria, porém, os passageiros estavam apenas esperando ou perambulando tranquilamente pelo convés principal. Os representantes da alta sociedade de Nova York e da Filadélfia continuavam juntos – John B. Thayer, George e Harry Widener e Duane Williams formavam um grupinho coeso, com luminares menores como Smith Clinch e o coronel Gracie pairando nas proximidades. Astor permanecia praticamente sozinho, e os Straus estavam sentados em uma espreguiçadeira.

Jack Thayer e Milton Long discutiam se valia a pena saltar. O turco que estavam usando como medidor mostrava que o Titanic afundava muito mais rapidamente agora. Thayer queria pular; pegaria uma rampa de bote salva-vidas vazia, escorregaria para a água e nadaria até os botes que conseguia ver vagamente a quinhentos ou seiscentos metros de distância. Era bom nadador. Long, que não nadava tão bem, argumentou contra a ideia e convenceu Thayer a não tentar.

Mais a vante, o coronel Gracie emprestou seu canivete aos homens que lutavam com os desmontáveis amarrados ao telhado do alojamento dos oficiais. Estavam tendo muita dificuldade, e Gracie perguntou-se por quê.

Alguns passageiros da terceira classe tinham conseguido abrir caminho até o convés principal, outros estavam convergindo para a popa, que ia se erguendo gradualmente. O convés da popa, que normalmente era um espaço da terceira classe, de repente tornava-se atraente para todos os tipos de gente.

Olaus Abelseth foi um dos que chegaram ao convés principal. Durante a maior parte da noite, ele havia permanecido na popa com o primo, o cunhado e as duas moças norueguesas. Com outros homens e mulheres da terceira classe, ficou, desorientado, à espera de que alguém lhes dissesse o que fazer.

Por volta da uma e meia, um oficial abriu o portão para a primeira classe e ordenou que as mulheres subissem para o convés principal. Às duas, os homens também foram autorizados a subir. Muitos agora preferiam ficar onde estavam – parecia claro que aquela seria a última parte do navio a ficar acima da água. No entanto, Abelseth, o primo e o cunhado subiram, com a esperança de que ainda houvesse um bote disponível. O último deles estava se afastando.

Assim, ficaram no convés principal, tão preocupados com o fato de estarem na primeira classe como com as circunstâncias que os tinham levado até ali. Abelseth ficou vendo a tripulação tentando soltar o desmontável. Um oficial, procurando ajuda extra, gritou:

– Há algum marinheiro aqui?

Abelseth tinha passado 16 de seus 27 anos no mar e sentiu que devia apresentar-se. Mas o primo e o cunhado pediram:

– Não, vamos ficar aqui juntos.

Assim fizeram. Sentiam-se um tanto sem jeito e falavam muito pouco. Ficaram ainda mais acanhados quando o casal Straus passou perto deles.

– Por favor – disse o idoso cavalheiro a sua mulher –, entre em um bote e salve-se.

– Não, deixe-me ficar com você – respondeu ela.

Abelseth virou-se para o outro lado.

Dentro do navio, o silêncio pesado das salas abandonadas revelava um drama próprio. Os lustres de cristal do restaurante *à la carte* estavam inclinados em um ângulo absurdo, mas continuavam brilhantemente acesos, iluminando os lambris de nogueira francesa e o carpete cor-de-rosa. Alguns dos pequenos abajures de mesa, com cúpula de seda rosada, tinham caído, e alguém remexia na despensa, talvez em busca de algo para fortificar-se.

O salão em estilo Luís XV, com sua grande lareira, estava silencioso e vazio. A Palm Court também se encontrava deserta – um passante achou difícil acreditar que havia apenas quatro horas ela estava repleta de damas e cavalheiros requintadamente vestidos, tomando café depois do jantar, ouvindo música de câmara tocada pelos mesmos músicos que agora executavam canções alegres no convés principal.

A sala de fumantes não estava completamente vazia. Quando um camareiro olhou para dentro às 2h10, ficou surpreso ao ver Thomas Andrews em pé, sozinho no salão. Seu colete salva-vidas estava displicentemente jogado sobre o pano verde de uma mesa de jogo. Com os braços cruzados sobre o peito e o olhar atordoado, sua disposição e sua energia tinham sumido. Depois de um momento de silêncio aterrorizante, o camareiro interpôs timidamente:

– O senhor não vai tentar sair, sr. Andrews?

Não houve resposta, nem mesmo um sinal de que ele ouvira. O construtor do Titanic continuou com o olhar fixo na direção da popa. Na parede com lambris de mogno diante dele estava pendurado um grande quadro chamado *A chegada ao Novo Mundo*.

Lá fora, nos conveses, a multidão continuava esperando; a banda ainda tocava. Alguns oravam com o reverendo Thomas R. Byles, passageiro da segunda classe. Outros pareciam perdidos em pensamentos.

Havia muito em que pensar. Para o capitão Smith, havia as cinco mensagens recebidas durante o dia alertando sobre o gelo, a última dizendo exatamente onde se encontrava o iceberg. Havia ainda o termômetro desabando de seis graus às 19h para zero às 22h, e a temperatura do mar caindo para meio grau abaixo de zero às 22h30.

O operador de rádio Jack Phillips poderia refletir sobre o sexto alerta de gelo – quando o Californian chamou às onze da noite e Phillips mandou-o calar-se. Esse alerta nem sequer chegara ao passadiço.

George Q. Clifford, de Boston, tinha a soturna satisfação de lembrar-se de ter contratado um seguro de vida adicional de 50 mil dólares pouco antes da viagem.

Para Isidor Straus, havia a ironia de seu testamento. Um parágrafo especial instava a sra. Straus a "ser um pouco egoísta; não pensar o tempo todo só nos outros". Ao longo dos anos, sua esposa tinha sido tão abnegada que ele queria que, depois de sua partida, ela aproveitasse a vida. Agora, as qualidades que ele tanto admirava indicavam que seu desejo nunca seria realizado.

Pequenas coisas também podiam voltar para assombrar uma pessoa em um momento como aquele. Edith Evans lembrou-se de uma cartomante que certa vez lhe dissera para "ter cuidado com a água". William T. Stead estava sendo atormentado por um sonho em que alguém atirava gatos pela janela de um último andar. Charles Hays tinha profetizado apenas algumas horas antes que chegaria o momento do "maior e mais terrível de todos os desastres no mar".

Dois homens talvez se perguntassem que motivos tinham para estar ali. Archie Butt não queria sair do país, porém precisava de um descanso, e Frank Millet importunara o presidente Taft* até convencê-lo a enviar Butt com uma mensagem ao papa – assuntos oficiais e, também, primavera em Roma. O oficial-chefe Wilde tampouco pretendia estar a bordo. Ele viajava regularmente no Olympic, mas a White Star Line o tinha transferido no último minuto para aquela viagem. Acharam que sua experiência seria útil para inaugurar o novo navio. Wilde tinha achado aquilo um golpe de sorte.

No camarim de rádio, Phillips lutava para manter o aparelho funcionando. Às 2h10, transmitiu a letra V duas vezes – o que foi vagamente ouvido pelo Virginian –, enquanto tentava ajustar a faísca para obter melhores resultados. Bride fez uma última ronda de inspeção. Ao voltar, viu que uma senhora desmaiada fora carregada para o camarim. Bride pegou para ela uma cadeira e um copo de água, e ela se sentou, ofegante, enquanto o marido a abanava. Quando voltou a si, o homem levou-a embora.

Bride foi para trás da cortina onde ele e Phillips dormiam. Recolheu todo o dinheiro espalhado, deu uma última olhada no beliche desarrumado e voltou a passar pela cortina. Phillips continuava curvado sobre o rádio, completamente absorto. Mas havia um foguista na sala, desafivelando furtivamente o colete salva-vidas de Phillips.

* William Howard Taft (1857-1930) foi presidente dos Estados Unidos de 1909 a 1913. Archibald Willingham DeGraffenreid Clarendon Butt (1865-1912) foi assessor militar de Taft. Pintor e jornalista, Francis Davis Millet (1846-1912) também fazia parte do círculo de amigos do presidente. Em homenagem aos dois amigos mortos no naufrágio foi erguido em Washington, em 1913, o Memorial Butt-Millet. [N.E.]

Bride pulou sobre o foguista, Phillips ergueu-se de um salto e os três homens rolaram pelo camarim. Por fim, Bride agarrou o foguista pela cintura, e Phillips socou-o até que o homem caísse inconsciente nos braços de Bride.

Um minuto depois, ouviram o mar borbulhar pela escada do convés A e chegar ao passadiço. Phillips gritou:

– Venha, vamos cair fora!

Bride largou o foguista, e os dois homens saíram correndo para o convés principal. O foguista ficou estendido onde caíra.

Phillips desapareceu para a ré. Bride caminhou para a vante e juntou-se aos homens no telhado do alojamento dos oficiais que tentavam soltar os desmontáveis A e B. Era um lugar ridículo para guardar botes – especialmente quando só havia vinte deles para 2.207 pessoas. Com o convés inclinado como estava, já tinha sido bastante difícil lançar o C e o D, os dois desmontáveis guardados bem ao lado dos turcos a vante. Era impossível fazer grande coisa com o A e o B.

Mas a tripulação não se deixava abater. Se os botes não pudessem ser lançados, talvez fosse possível deixá-los flutuar para fora do navio. Assim, continuaram labutando – Lightoller, Murdoch, o carvoeiro Hemming, o camareiro Brown, o graxeiro Hurst e uma dúzia de outros.

A bombordo, Hemming lutava com o cordame e o poleame do bote B. Se ele conseguisse desemaranhar o cordame, tinha certeza de que conseguiria arriar o bote. Finalmente, fez os cabos funcionarem e passou o poleame para o sexto oficial Moody, no telhado, mas este gritou:

– Não queremos o poleame; vamos deixar o bote no convés.

Hemming não via nenhuma possibilidade de liberar o bote B daquele jeito; por isso, saltou do navio e saiu nadando. Enquanto isso, empurraram o bote para a borda do telhado e, fazendo-o deslizar sobre alguns remos, baixaram-no para o convés. Ele pousou virado.

A estibordo, outros estavam igualmente atrapalhados com o bote A. Alguém encostou umas tábuas na parede do alojamento dos oficiais, e por elas foi possível descer o barco com a proa para a frente. No entanto, como o Titanic estava fortemente adernado a bombordo, não seria possível empurrar o bote "para cima" até a borda do convés.

Os homens arrastavam os dois desmontáveis quando, às 2h15, o passadiço ficou coberto de água e o mar rolou para a ré pelo convés principal. O coronel Gracie e Clinch Smith viraram-se e dirigiram-se para a popa. Deram poucos passos e foram bloqueados por uma súbita multidão de homens e mulheres que irrompia dos níveis inferiores do navio. Todos pareciam ser passageiros da terceira classe.

Nesse momento, o maestro Hartley deu um sinal batendo no violino. O *ragtime* terminou, e os compassos de "Outono", hino da Igreja Episcopal, fluíram pelo convés e vagaram para longe sobre as águas na noite silenciosa.

Nos botes, as mulheres ouviam com admiração. À distância, o momento tinha uma pungência solene. De perto, a situação era outra. Os homens ouviam a música, mas davam-lhe pouca atenção. Coisas demais estavam acontecendo.

– Salve-me! Salve-me! – gritou uma mulher a Peter Daly, representante em Lima da firma Haes & Sons, de Londres, que observava a água rolar para o convés onde ele estava.

– Cara senhora – respondeu ele –, salve a si mesma. Só Deus pode salvá-la agora.

Mas ela lhe pediu que a ajudasse a saltar do navio, e, pensando melhor, ele percebeu que não seria tão fácil livrar-se do problema. Rapidamente, tomou-a pelo braço e ajudou-a a jogar-se pela borda. Quando ele também pulou, uma grande onda passou varrendo o convés principal, afastando-o do navio.

O mar estava espumando e rodopiando aos pés do camareiro Brown enquanto ele suava para levar o bote A até a borda do convés. Então, percebeu que não precisava mais tentar – o bote estava flutuando, livre. Saltou para bordo... cortou os cabos da popa... gritou para que alguém soltasse a proa... e no instante seguinte foi levado para longe pela mesma onda que afastara Peter Daly.

A proa do Titanic afundava cada vez mais, enquanto a popa se erguia lentamente. O navio parecia estar se movendo para a frente. Foi esse movimento que gerou a onda que atingiu Daly, Brown e dezenas de outros ao rolar para a ré.

Lightoller viu a onda do telhado do alojamento dos oficiais. Viu a multidão recuando diante dela pelo convés acima. Viu os mais ágeis escaparem e os mais lentos serem tragados. Sabia que aquele refúgio só prolongaria a agonia. Virou-se e, de frente para a proa, mergulhou. Quando voltou à tona, viu bem a sua frente o cesto da gávea, agora no nível da água. Foi tomado por um instinto cego, e por alguns minutos nadou em direção a ele como se fosse um lugar seguro.

Depois, caiu em si e tentou nadar para longe do navio. Mas o mar estava entrando pelos ventiladores logo à frente da chaminé a vante, e ele foi sugado de volta contra a grade de arame de um poço de ventilação. Rezou para que a grade aguentasse e ficou pensando quanto tempo poderia durar, preso daquela maneira.

Nunca soube a resposta. Um sopro de ar quente vindo de algum lugar das profundezas do navio subiu pelo ventilador e o empurrou para a superfície. Ofegante e cuspindo água, ele finalmente conseguiu bracejar para longe.

Harold Bride também manteve a calma. Quando a onda passou por ele, agarrou uma forquilha do desmontável B, que continuava virado sobre o convés principal perto da primeira chaminé. O bote, Bride e uma dúzia de outros homens foram arrastados juntos. O desmontável ainda estava virado, e Bride viu-se lutando debaixo dele.

O coronel Gracie não era tão versado em coisas do mar. Ficou no meio da multidão e pulou com a onda – era quase como a praia em Newport. Erguendo-se com a crista, agarrou o degrau inferior da grade de ferro sobre o telhado do alojamento dos oficiais. Arrastou-se para cima e ficou deitado de bruços bem junto à base da segunda chaminé.

Antes que conseguisse se erguer, o telhado também ficou submerso. Gracie viu-se girando sem parar em um turbilhão de água. Tentou agarrar o corrimão, até perceber que isso o estava puxando mais para o fundo. Com um forte empurrão com as pernas, soltou-se e nadou para longe do navio, bem abaixo da superfície.

O chef de cozinha John Collins não podia fazer muita coisa a respeito da onda. Estava com um bebê nos braços. Por cinco minutos, ele e um garçom de convés tinham tentado ajudar uma mulher da terceira classe com duas crianças. Primeiro ouviram dizer que havia um bote a bombordo. Correram para lá e ouviram dizer que estava a estibordo. Ali, alguém disse que o melhor que podiam fazer era dirigir-se para a popa. Transtornados, estavam sem saber o que fazer – Collins segurando um dos bebês – quando foram varridos ao mar pela onda. Ele nunca voltou a ver os outros, e a criança foi arrancada de seus braços pela água.

Jack Thayer e Milton Long também viram a onda chegando. Estavam em pé junto à amurada a estibordo diante da segunda chaminé, tentando ficar longe da multidão que enxameava em direção à popa. Em vez de tentarem ir para um ponto mais alto, acharam que tinha chegado o momento de pular e nadar. Apertaram-se as mãos e desejaram-se boa sorte. Long passou as pernas sobre a amurada, enquanto Thayer ficou a cavalo sobre ela e começou a desabotoar o sobretudo. Long, pendurado do outro lado e segurando a amurada com as mãos, olhou para Thayer e perguntou:

– Você vem, garoto?

– Vá em frente, já estou indo – assegurou-lhe Thayer.

Long deslizou para baixo, virado para o navio. Dez segundos mais tarde, Thayer passou a outra perna sobre a amurada e sentou-se virado para fora. Estava a cerca de dez metros acima da água. Então, com um impulso, saltou o mais longe que pôde.

Dessas duas técnicas para abandonar o navio, a de Thayer foi a que funcionou.

A onda nunca chegou até Olaus Abelseth. Ele estava muito atrás, bem longe dela, parado perto da quarta chaminé. Em vez de ir a pique, aquela parte do navio se erguia cada vez mais.

Enquanto a popa subia, Abelseth ouviu um estalo e rachaduras… uma série de baques abafados… objetos de vidro quebrando… o barulho das espreguiçadeiras do convés que escorregavam para baixo.

A inclinação do convés ficou tão acentuada que as pessoas já não conseguiam ficar em pé. Começaram a cair, e Abelseth viu-as deslizando para a água, ali mesmo no convés. Abelseth e seus parentes aguentavam agarrados à corda de um dos turcos.

– É melhor saltarmos, ou a sucção vai nos puxar para o fundo – sugeriu o cunhado.

– Não – disse Abelseth. – Não vamos pular ainda. Seja como for, não temos muita chance; dá na mesma ficarmos aqui o máximo que pudermos.

– Precisamos saltar! – insistiu o cunhado.

Abelseth, porém, manteve-se firme:

– Não, ainda não.

Minutos depois, quando a água estava a apenas cinco metros deles, os três homens finalmente saltaram, de mãos dadas. Vieram à tona cuspindo água, Abelseth desesperadamente enredado por uma corda. Precisou largar as mãos para livrar-se da corda, e o primo e o cunhado foram arrastados para longe. Conseguiu soltar-se sem saber direito como, mas disse a si mesmo:

– Estou perdido.

Na barafunda de cordas, cadeiras, tábuas e água agitada, ninguém sabia o que acontecera com a maioria das pessoas. Dos botes, era possível vê-las agarradas, como pequenos enxames de abelhas, às cabines de convés, aos guinchos e aos ventiladores, enquanto a popa se erguia mais. De perto, era difícil ver o que estava acontecendo, apesar de as luzes – incrivelmente – ainda estarem acesas, irradiando uma espécie de fulgor turvo.

Nas histórias contadas depois, Archie Butt teve uma dúzia de fins diferentes – todos valorosos, nenhum confirmado. De acordo com um jornal, Marie Young, professora de música dos filhos de Teddy Roosevelt, lembrou-se de ouvi-lo dizer: "Adeus, srta. Young, dê lembranças minhas ao pessoal de casa". Mas os jornais também informaram que Marie Young afirmou ter visto o iceberg uma hora antes do acidente.

Em uma entrevista atribuída à sra. Henry B. Harris, Archie Butt foi descrito como um exemplo de firmeza, usando aqui os punhos, ali uma tática de irmão mais velho para lidar com os fracos. Contudo, Lightoller, Gracie e os outros que estavam trabalhando nos botes nunca o viram. Conforme lembrou a sra. Walter Douglas, por volta da 1h45, ele estava parado calmamente perto do bote 2.

O mesmo ocorreu com John Jacob Astor. O barbeiro August H. Weikman descreveu seus últimos momentos com o grande milionário. Foi uma conversa recheada de assuntos triviais que normalmente surgem em uma cadeira de barbeiro, e até mais banais: "Perguntei-lhe se ele se importaria de apertar minha mão. Ele disse: 'Com prazer'...". No entanto, o barbeiro Weikman também disse que deixou o navio à 1h50, uma boa meia hora antes.

Os fins de Butt e Astor foram enfeixados em uma única história atribuída a Washington Dodge, o assessor de San Francisco. "Foram a pique em pé sobre o passadiço, lado a lado. Não dava para confundi-los", contou ele, segundo os jornais. Mas o dr. Dodge estava no bote 13, a quase meia milha de distância.

Com o capitão Smith, também, ninguém sabe o que realmente aconteceu. Mais tarde, houve quem dissesse que ele se matou com um tiro, mas não há nenhuma evidência disso. Pouco antes do final, o camareiro Edward Brown viu-o subindo ao passadiço, ainda segurando o megafone. Um minuto mais tarde, o carvoeiro Hemming passou pelo passadiço e encontrou-o vazio. Depois que o Titanic afundou, o foguista Harry Senior viu-o na água, segurando uma criança. Reunidas, essas histórias formam um quadro que combina muito mais do que o suicídio com o tipo de homem que ele era, um lutador, e que uma vez dissera: "De certa maneira, uma espécie de fascínio nunca me abandona, especialmente quando observo do passadiço um navio subindo e descendo nas águas do mar, lutando para abrir seu caminho através e por cima de grandes vagas. Um homem nunca supera isso".

À vista de todos ou anonimamente, os famosos e os desconhecidos embolaram-se em um mesmo amontoado de gente que se debatia enquanto a proa mergulhava e a popa subia cada vez mais. Os compassos de "Outono" foram sepultados com um amontoado de músicos e instrumentos em queda. As luzes apagaram-se, acenderam-se novamente, apagaram-se de vez. Uma solitária lanterna a querosene tremeluzia no alto do mastro de ré.

Os baques abafados e o tinido de vidros que se quebravam soaram mais alto. Um rugido ininterrupto rolou sobre as águas quando tudo o que podia mover-se despencou.

Nunca houve uma mistura como aquela: 29 caldeiras... um exemplar do *Rubaiyat* cravejado de pedras preciosas... oitocentas caixas de nozes descascadas... 15 mil garrafas de cerveja *ale* e *stout*... enormes amarras (cada elo pesava oitenta quilos)... trinta caixas de tacos de golfe e raquetes de tênis Spalding... o enxoval de Eleanor Widener... toneladas de carvão... a caixa de lata do major Peuchen... 30 mil ovos frescos... dezenas de vasos de palmeira... cinco pianos de cauda... o pequeno relógio de cornija da cabine B-38... a prensa de patos de prata maciça.*

E a lista continuava: treliças, vasos de hera e cadeiras de vime amontoando-se no Café Parisien... tacos de *shuffleboard*... a central telefônica de cinquenta números... dois motores a pistão e a revolucionária turbina de baixa pressão... oito dúzias de bolas de tênis para a R. F. Downey & Co., um tonel de porcelana para a Tiffany, uma caixa de luvas para a Marshall Field... a notável máquina de fazer gelo do convés G... o novo automóvel

* Com esse aparelho fazia-se um dos pratos mais sofisticados do cardápio da época, o Canard à la presse, que consiste em espremer fortemente pedaços do pato semicozido a fim de extrair um caldo de sangue e tutano que é depois misturado a outros ingredientes. [N.E.]

inglês de Billy Carter... os dezesseis baús dos Ryersons, lindamente embalados por Victorine.

Quando a inclinação ficou mais acentuada, a chaminé de vante desmoronou. Caiu na água a estibordo, com uma chuva de centelhas e um estrondo ouvido acima do alvoroço geral. O graxeiro Walter Hurst, lutando no mar agitado, ficou meio cego com a fuligem. Teve sorte – outros nadadores foram esmagados por toneladas de aço. A queda da chaminé, porém, foi uma bênção para Lightoller, Bride e os que estavam agarrados ao desmontável B virado. A chaminé não atingiu o bote por pouco; empurrou-o para trinta metros mais longe do casco, que afundava retorcendo-se.

O Titanic estava agora absolutamente perpendicular. Da terceira chaminé para a ré, estava erguido reto para o alto, com os três hélices gotejantes brilhando, mesmo na escuridão. Para lady Duff Gordon, aquilo parecia um dedo preto apontando para o céu; para Harold Bride, um pato prestes a mergulhar.

Nos botes, eles mal podiam acreditar nos próprios olhos. Por mais de duas horas tinham visto, esperando sem esperança, o Titanic afundar cada vez mais. Quando a água atingiu as luzes de bordo vermelha e verde, souberam que o fim estava próximo... Entretanto, ninguém sonhara que seria daquela maneira – o barulho sobrenatural, o casco negro virado em noventa graus, o pano de fundo de cartão de Natal com estrelas brilhantes.

Alguns recusaram-se a olhar. No desmontável C, o diretor-executivo Bruce Ismay curvou-se sobre o remo – não suportava ver o Titanic ir a pique. No bote 1, C. E. Henry Stengel virou as costas:

– Não consigo mais ficar olhando.

No 4, Elizabeth Eustis cobriu o rosto.

Passados dois minutos, o ruído finalmente parou, e a popa do Titanic inclinou-se ligeiramente em direção à superfície. Então, começou a deslizar devagar para o fundo, inclinando-se. À medida que afundava, parecia ganhar velocidade. Quando o mar se fechou sobre o mastro da bandeira da popa, o navio estava se deslocando rápido o bastante para produzir um leve som de algo sendo engolido.

– Foi-se; é o fim dele – suspirou o vigia Lee no bote 13.

No 4, Ada Clark ouviu vagamente alguém dizer:

– Acabou.

No entanto, estava com tanto frio que não prestou muita atenção.

A maioria das outras mulheres se encontrava no mesmo estado – estupefatas, aturdidas, sem demonstrar nenhuma emoção.

No bote 5, o terceiro oficial Pitman consultou o relógio e anunciou:

– São 2h20.

A dez milhas dali, no Californian, o segundo oficial Stone e o aprendiz Gibson viram o estranho navio desaparecer lentamente. Ele os tinha fascinado durante quase toda a guarda – a maneira como não parava de disparar foguetes, a forma esquisita como flutuava na água. Gibson comentou que não acreditava que os foguetes estivessem sendo disparados por diversão. Stone concordou:

– Um navio não dispara foguetes no mar à toa.

Às duas da manhã, as luzes do estranho navio pareciam muito baixas no horizonte, e os dois homens acharam que ele devia estar afastando-se.

– Chame o capitão – ordenou Stone – e diga-lhe que o navio está desaparecendo a sudoeste e que disparou ao todo oito foguetes.

Gibson foi até o camarim de navegação e transmitiu a mensagem. No sofá, o capitão Lord levantou os olhos, sonolento.

– Foram todos foguetes brancos?

Gibson disse que sim, e Lord perguntou as horas. Gibson respondeu que eram 2h05 no relógio do camarim do leme. Lord virou-se para o outro lado, e Gibson voltou para o passadiço.

Às 2h20, Stone concluiu que o outro navio tinha partido definitivamente e às 2h40 achou que ele mesmo devia relatar o fato ao capitão. Deu a notícia pelo tubo acústico e voltou a examinar a noite vazia.

“Lá se vai a sua bela camisola”

Quando o mar se fechou sobre o Titanic, lady Cosmo Duff Gordon, no bote 1, comentou com sua secretária, a srta. Francatelli:

– Lá se vai a sua bela camisola.

Muito mais do que a camisola da srta. Francatelli desapareceu naquela noite de abril. Mais até do que o maior transatlântico do mundo, sua carga e a vida de 1.502 pessoas.

Ninguém voltaria a enfiar um navio em um campo de gelo sem dar ouvidos a alertas, confiando inteiramente em alguns milhares de toneladas de aço e rebites: os transatlânticos começaram a levar a sério os avisos de gelo, desviando deles ou reduzindo a marcha. Ninguém mais acreditou em "navios inafundáveis".

Os icebergs também deixaram de rondar livremente pelos mares. Depois que o Titanic afundou, os governos norte-americano e britânico fundaram a Patrulha Internacional do Gelo, e hoje navios da Guarda Costeira pastoreiam os icebergs errantes que vagam em direção às rotas marítimas. A própria rota de inverno foi deslocada mais para o sul, como precaução adicional.

E nunca mais houve navios com o rádio ligado só em tempo parcial. Daquele momento em diante, todos os navios de passageiros passaram a ter serviço de rádio de 24 horas. O mundo não voltaria a desmoronar enquanto um Cyril Evans de folga dormia a apenas dez milhas de distância.

Foi também a última vez em que um navio se fez ao mar sem botes salva-vidas suficientes. As 46.328 toneladas do Titanic singravam regidas por normas de segurança completamente ultrapassadas. Uma fórmula absurda determinava os requisitos para botes salva-vidas: todos os navios britânicos de mais de 10 mil toneladas deveriam transportar dezesseis botes salva-vidas com capacidade total de 156 metros cúbicos, além de jangadas e boias equivalentes a 75% da capacidade dos botes.

No caso do Titanic, isso se traduzia em 272 metros cúbicos, o que significava que ele tinha de transportar botes para apenas 962 pessoas. Na verdade, havia botes para 1.178 – a White Star Line queixou-se de que ninguém reconhecera seu cuidado. Mesmo assim, isso resolvia o problema de apenas 52% das 2.207 pessoas a bordo e de 30% da capacidade total do navio. As regras e fórmulas passaram a ser, então, muito simples: botes salva-vidas para todos.

E foi o fim da distinção de classes no carregamento dos botes. A White Star Line sempre negou algo do tipo – e os investigadores a apoiaram –, mas há provas contundentes de que os passageiros da terceira classe foram prejudicados: não permitiram que Daniel Buckley entrasse na primeira classe; Olaus Abelseth foi liberado do convés da popa quando o último bote já estava se afastando; o camareiro Hart escoltou dois pequenos grupos de mulheres para os conveses superiores enquanto centenas de outras ficavam para trás; passageiros da terceira classe treparam por um guindaste para sair do convés do poço a ré; outros escalaram escadas verticais para escapar do convés do poço a vante.

Havia, ainda, as pessoas que o coronel Gracie, Lightoller e outros viram subir dos conveses inferiores, pouco antes do fim. Até aquele momento, Gracie estava convencido de que todas as mulheres tinham partido – fora muito difícil encontrá-las quando os últimos botes estavam sendo carregados. Ficou, então, chocado ao ver dezenas delas aparecerem de repente. As estatísticas sugerem quem eram elas – a lista de baixas do Titanic tinha quatro das 143 mulheres da primeira classe (três por opção pessoal), 15 das 93 da segunda e 81 das 179 da terceira.

Isso sem falar das crianças. Exceto por Lorena Allison, todas as 29 crianças da primeira classe e da segunda foram salvas, mas somente 23 das 76 da terceira.

Aparentemente, nem a oportunidade de ser cavalheiro nem os frutos do cavalheirismo estavam incluídos em uma passagem da terceira classe.

Foi melhor, mas não ideal, a situação na segunda classe. Lawrence Beesley lembrou-se de um oficial detendo duas senhoras que estavam passando pelo portão para a primeira classe.

– Não podemos passar para os botes? – perguntaram.

– Não, senhora; seus botes estão embaixo, em seu convés.

Em defesa da White Star Line, essas distinções não se deviam a normas definidas, e sim à ausência total de normas. Em alguns pontos, os tripulantes barraram o caminho para o convés principal; em outros, abriram as portas, mas não contaram a ninguém; em uns poucos locais, houve esforços bem-intencionados para guiar os passageiros da terceira classe para os conveses superiores. De maneira geral, porém, a terceira classe foi abandonada à própria sorte. Alguns passageiros mais arrojados venceram o desafio, mas a maioria ficou vagando sem rumo nas vizinhanças dos próprios alojamentos – ignorados, negligenciados, esquecidos.

Se a White Star Line foi indiferente, também o foram todos os demais. Ninguém parecia importar-se com a terceira classe – nem a imprensa, nem os inquéritos oficiais, nem mesmo os próprios passageiros da terceira classe.

Na cobertura do desastre do Titanic, poucos repórteres se incomodaram em lhes fazer perguntas. O *New York Times* orgulhava-se, com razão, da maneira como havia lidado com a tragédia. Contudo, a famosa edição com a cobertura da chegada do Carpathia a Nova York tinha apenas duas entrevistas com passageiros da terceira classe. Isso, aparentemente, era considerado normal – dos 43 relatos de sobreviventes publicados pelo *New York Herald*, também apenas dois eram de passageiros da terceira.

O certo é que as experiências deles não tinham apelo tão grande como as de lady Cosmo Duff Gordon (em um jornal de Nova York, ela apareceu dizendo: "A última voz que ouvi foi a de um homem gritando: 'Meu Deus, meu Deus!'"). Na verdade, porém, havia uma história a contar. A noite foi uma confirmação magnífica da norma "mulheres e crianças primeiro", mas de alguma forma a proporção de vidas perdidas foi maior entre as crianças da terceira classe do que entre os homens da primeira.

Esse contraste nunca passaria despercebido pela consciência social (ou pelo faro para notícia) da imprensa de hoje.

O Congresso tampouco se importou com o que aconteceu com a terceira classe. A investigação do senador Smith sobre o Titanic abrangeu tudo sob o sol, até mesmo de que era feito um iceberg ("gelo", explicou o quinto oficial Lowe), mas a terceira classe recebeu pouca atenção. Apenas três das testemunhas eram passageiros da terceira classe. Duas delas disseram que haviam sido impedidas de ir para o convés principal, porém os legisladores não deram seguimento ao acaso. Também aqui, o testemunho não sugere nenhum acobertamento deliberado – simplesmente não havia interesse.

O tribunal de inquérito britânico foi ainda mais displicente. W. D. Harbinson, que representava oficialmente os interesses da terceira classe, disse que não havia encontrado nenhum traço de discriminação, e o relatório de lorde Mersey foi um atestado de boa conduta – no entanto, nenhum passageiro da terceira classe testemunhou, e o único camareiro da terceira classe sobrevivente admitiu de livre e espontânea vontade que até 1h15 os homens foram mantidos nos conveses inferiores.

Nem mesmo os passageiros da terceira classe ficaram incomodados. Eles viam a distinção de classes como parte do jogo. Olaus Abelseth, pelo menos, considerava o acesso ao convés principal um privilégio incluído na passagem da primeira e da segunda classes... mesmo quando o navio estava afundando. Contentava-se com que o deixassem ficar nos conveses superiores.

Estava nascendo uma nova era; e, desde aquela noite, nunca mais foram vistos passageiros da terceira classe tão filosóficos.

No extremo oposto, foi também a última vez em que a posição especial de primeira classe foi aceita sem contestação. Quando o navio Republic, da White Star, foi a pique em 1908, o capitão Sealby disse aos passageiros que estavam entrando nos botes salva-vidas: "Lembrem-se! Mulheres e crianças vão primeiro; depois a primeira classe; então os outros!". Não havia uma regra como essa no Titanic, mas o conceito permanecia na mente do público, e no início a imprensa tendia a evitar toda crítica às ações de algum passageiro da primeira classe. Quando saiu a notícia de que Ismay tinha se salvado, o *New York Sun* apressou-se em anunciar: "Ismay comportou-se com excepcional bravura [...] não se sabe como o sr. Ismay entrou em um dos botes; presume-se que ele pretendesse fazer uma apresentação do caso a sua empresa".

Nunca mais a vida na primeira classe seria tão fácil. Com efeito, quase imediatamente, o pêndulo oscilou para o outro lado. Em poucos dias, Ismay era ridicularizado; em um ano, uma sobrevivente proeminente divorciava-se do marido apenas porque, segundo as fofocas, acontecera de ele se salvar. Um dos legados mais rigorosos deixados pelos sobreviventes do Titanic foi um novo padrão de conduta para avaliar o comportamento de pessoas importantes sob pressão.

Era mais fácil nos velhos tempos... pois o Titanic foi também o último bastião de riqueza e prestígio a provocar uma comoção pública. Em 1912, não havia estrelas de cinema, rádio ou televisão; as figuras dos esportes ainda estavam longe dos holofotes; e o café-soçaite era completamente desconhecido. O público dependia das pessoas proeminentes na sociedade para ter todo o *glamour* vicário que enriquece vidas monótonas.

Essa preocupação era reconhecida pela imprensa. Quando o Titanic partiu, o *New York Times* listou os passageiros célebres na primeira página. Depois que ele afundou, o *New York American* deu a notícia em 16 de abril com um artigo dedicado quase exclusivamente a John Jacob Astor; no final, mencionava que outras 1.800 pessoas também tinham morrido.

No mesmo clima, em 18 de abril, o *New York Sun* escreveu sobre o desastre do ponto de vista dos seguros. A maior parte da história versava sobre as pérolas da sra. Widener.

Nunca mais os ricos voltaram a ocupar tão completamente o pensamento das pessoas. Por outro lado, nunca mais a riqueza voltou a ser tão espetacular. John Jacob Astor não hesitou em pagar oitocentos dólares por um casaco rendado que um negociante exibira no convés quando o Titanic atracou brevemente em Queenstown. Para os Ryersons, não havia nada de mais em viajar com dezesseis baús. As 190 famílias da primeira classe eram atendidas por 23 criadas, oito valetes e diversas enfermeiras e governantas – além das centenas de camareiras e camareiros. Esses criados pessoais tinham o próprio salão, no convés C, para que ninguém precisasse passar pelo constrangimento de puxar conversa com um estranho simpático, só para descobrir que se tratava do dragomano de Henry Sleeper Harper.

Ou veja-se a chegada dos sobreviventes a Nova York. A sra. Astor foi recebida por dois automóveis, que traziam dois médicos, uma enfermeira, um secretário e Vincent Astor. A sra. George Widener foi recebida não por um automóvel, mas por um trem especial – composto de um vagão Pullman privativo, um vagão para lastro e uma locomotiva. A esposa de Charles Hays também foi recebida por um trem especial, com dois vagões privativos e dois comuns.

Foi uma recepção adequada para pessoas que podiam pagar até 4.350 dólares – e dólares de 1912 – por uma suíte de luxo. Uma suíte dessas tinha até um convés de passeio privativo, que custava cerca de 120 dólares por metro de frente por seis dias.

Aquele tipo de vida, naturalmente, não estava aberto a todos – na verdade, Harold Bride, que ganhava vinte dólares por mês, levaria vinte anos para ter o bastante para cruzar o Atlântico em grande estilo –, de modo que quem o desfrutava ia aos poucos integrando-se a um pequeno grupo notavelmente coeso, que também pareceu desaparecer com o Titanic.

O mundinho dos ricos da época eduardiana desfrutava de uma intimidade maravilhosa. Não havia nenhum lampejo de surpresa quando eles se encontravam por acaso, fosse nas pirâmides (um dos passeios favoritos), na regata de Cowes ou nas termas de Baden-Baden. Pareciam ter as mesmas ideias ao mesmo tempo, e uma dessas ideias foi fazer a viagem inaugural do maior navio do mundo.

Por isso, a viagem do Titanic era mais um encontro festivo do que uma travessia do oceano. Esse aspecto fascinou a esposa do produtor teatral Henry B. Harris, que certamente não fazia parte daquele mundo. Vinte anos depois, ela ainda se lembrava com admiração: "Havia um espírito de camaradagem diferente de todos os que eu tinha experimentado em viagens anteriores. Ninguém consultava a lista de passageiros, a julgar pela atmosfera de bom companheirismo que reinava entre os passageiros da primeira classe. Eles se encontravam no convés como em uma grande festa".

Aquele grupo conhecia a tripulação quase tão bem quanto uns aos outros. Era costume fazer a travessia com certos capitães, em vez de em navios específicos, e o capitão Smith tinha um séquito pessoal que o tornava inestimável para a White Star Line. Ele recompensava os seguidores com pequenos favores e privilégios que garantiam sua fidelidade. Na última noite, John Jacob Astor foi um dos passageiros que receberam a má notícia diretamente do capitão Smith antes do alarme geral.

Mas o outro lado desse arranjo era respeitar o privilégio. Ninguém se aproveitou da confiança do capitão – quase nenhum homem desse grupo salvou-se.

Os camareiros e os garçons tinham uma relação igualmente estreita com o grupo. Como atendiam muitas vezes os mesmos passageiros, sabiam exatamente o que queriam e como gostavam das coisas. Todas as tardes, o camareiro Cunningham entrava no camarote A-36 e estendia as roupas de cerimônia de Thomas Andrews exatamente do jeito que ele gostava. Às 18h45, Cunningham voltava e o ajudava a vestir-se. Isso acontecia em todo o navio.

E, quando o Titanic estava indo a pique, foi com afeto genuíno que o camareiro Etches fez o sr. Guggenheim vestir seu suéter... que o camareiro Crawford amarrou os cordões dos sapatos do sr. Stewart... que o segundo camareiro Dodd revelou a John B. Thayer que sua esposa ainda estava a bordo, muito depois de Thayer achar que ela tivesse partido. No mesmo espírito de devoção, o garçom de salão de jantar Ray empurrou Washington Dodge para o bote 13 – ele convencera os Dodges a tomar o Titanic e sentia-se na obrigação de salvá-los.

O grupo recompensava essa lealdade com uma intimidade e um afeto que dispensavam a poucos de seus companheiros de viagem menos conhecidos. Nas últimas horas do Titanic, homens como Ben Guggenheim e Martin Rothschild pareciam mais preocupados com seus camareiros do que com os outros passageiros.

De certo modo, o Titanic cerrou as cortinas sobre aquele modo de ser. A vida nunca mais voltou a ser a mesma. A guerra primeiro e o imposto de renda* depois garantiram que não voltasse.

Com esse mundo perdido, desapareceram alguns de seus preconceitos – especialmente uma firme e alardeada opinião sobre a superioridade da coragem anglo-saxã. Para os sobreviventes, todos os passageiros clandestinos nos botes salva-vidas eram "chineses" ou "japoneses"; todos os que saltaram do convés eram "armênios", "franceses" ou "italianos".

"Havia vários passageiros homens", declarou o camareiro Crowe no inquérito dos Estados Unidos, "provavelmente italianos, ou de alguma nacionalidade estrangeira que não inglesa ou norte-americana, que tentaram tomar de assalto os botes". Crowe, é claro, nunca ouvira os culpados falarem e não podia saber quem eles eram. No inquérito, as coisas ficaram tão ruins que o embaixador italiano exigiu e obteve um pedido

* Em 1913, no governo William Taft, foi aprovada a 16ª Emenda Constitucional, que instituiu o imposto de renda nos Estados Unidos. [N.E.]

de desculpas do quinto oficial Lowe por usar "italiano" como uma espécie de sinônimo de "covarde".

Em comparação, o sangue anglo-saxão era incapaz de fazer algo errado. Quando Bride descreveu o ataque do foguista a Phillips, alguns jornais, para surtir maior efeito, fizeram do agressor um negro. E, em uma história intitulada "Imigrantes desejáveis perdidos", o *New York Sun* assinalou que, com os outros, desapareceram 78 finlandeses que podiam fazer algum bem ao país.

Entretanto, também desapareceram, com os preconceitos, alguns instintos mais nobres. Os homens continuariam a ser corajosos, mas não da mesma forma. Aqueles homens no Titanic tinham estilo – havia algo especial em Ben Guggenheim vestindo seus trajes de noite, ou em Howard Case acendendo um cigarro enquanto acenava para a sra. Graham, ou mesmo no coronel Gracie percorrendo ofegante os conveses, em uma busca corajosa, embora ineficaz, pela sra. Candee. Hoje, ninguém conseguiria parecer autêntico fazendo pequenos gestos cavalheirescos como eles naquela noite.

Certo ar de *noblesse oblige* igualmente sumiu. Durante os torturantes dias de incerteza em Nova York, os Astors, os Guggenheims e outros como eles não se contentaram em ficar à espera ao lado do telefone ou em enviar amigos ou serviçais aos escritórios da White Star Line. Foram pessoalmente. Não porque fosse a melhor maneira de obter informações, mas porque achavam que precisavam estar lá.

Hoje, as famílias são tão leais como sempre, mas é provável que o telefone bastasse. Poucos insistiriam em desafiar em pessoa a balbúrdia do escritório de navegação. Mas aqueles homens não hesitaram um minuto. É verdade que Vincent Astor conseguia informações melhores do que os demais – e alguns até falavam direto com o próprio gerente-geral Franklin –, porém a questão é que eles não apenas estavam em contato; estavam *lá*.

Acima de tudo, o Titanic também marcou o fim de um sentimento geral de confiança. Até então, os homens sentiam que tinham encontrado a resposta para uma vida civilizada estável, ordenada. Por cem anos, o mundo ocidental estivera em paz. Por cem anos, a tecnologia tinha melhorado. Por cem anos, os benefícios da paz e da indústria pareciam estar alcançando toda a sociedade. Retrospectivamente, pode parecer que não havia tantos motivos para confiança, mas as pessoas mais articuladas da época sentiam que a vida era boa.

O Titanic acordou-as. Nunca mais ficariam tão seguras de si. Para a tecnologia, especialmente, o desastre foi um golpe terrível. Ali estava o "navio inafundável" – talvez a maior conquista da engenharia humana – indo a pique na primeira vez em que navegava.

No entanto, era mais do que isso. Se aquela conquista suprema era tão terrivelmente frágil, o que se podia pensar de todo o resto? Se a riqueza significou tão pouco naquela noite fria de abril, significaria tanto no resto do ano? Dezenas de pastores pregaram que o Titanic fora uma lição enviada dos céus para despertar as pessoas de sua complacência, para puni-las por sua fé desmesurada no progresso material. Se foi uma lição, funcionou – ninguém mais teve certeza de nada desde aquele dia.

A sequência interminável de desilusões que sobreveio não pode ser atribuída ao Titanic, mas ele foi o primeiro abalo. Antes do Titanic, tudo estava calmo. Depois, tudo ficou tumultuado. É por isso que, para quem viveu aquela época, o Titanic, mais do que qualquer outro evento isolado, marca o fim dos velhos tempos e o início de uma era intranquila.

Não havia tempo para tais reflexões às 2h20 da segunda--feira, 15 de abril de 1912. Sobre a tumba do Titanic pairava um fino vapor fumacento, conspurcando a noite clara. O mar vítreo estava cheio de caixotes, cadeiras, tábuas, pilastras e lixo, que, como rolhas, não paravam de vir à tona de algum lugar que agora estava muito abaixo da superfície.

Centenas de nadadores debatiam-se na água, agarrados a destroços e uns aos outros. O camareiro Edward Brown, ofegante, mal notou um homem segurando-lhe as roupas. O passageiro da terceira classe Olaus Abelseth sentiu o braço de um homem apertando-lhe o pescoço. De alguma forma, conseguiu soltar-se e, cuspindo água, gritou:

– Largue-me!

Mas o homem agarrou-o novamente, e foi preciso dar-lhe um vigoroso pontapé para libertar-se de vez.

Quando não eram as pessoas, o próprio mar quebrava a resistência de todos. A temperatura da água era 2,2 graus negativos – abaixo do ponto de congelamento. De acordo com o segundo oficial Lightoller, a sensação era de "mil facas" enfiadas em seu corpo. Nessas condições, os coletes salva-vidas não serviam para nada.

Mesmo assim, alguns conseguiam manter a cabeça e os músculos em ação. Para eles, duas esperanças de salvamento apareceram na água entulhada: os botes desmontáveis A e B.

Ambos tinham flutuado para fora do convés principal, o A inundado e o B virado. A queda da chaminé os afastou das pessoas. Agora, os nadadores mais fortes e com mais sorte iam em sua direção.

Depois de cerca de vinte minutos, Olaus Abelseth chegou bracejando ao desmontável A. Talvez já houvesse no bote cheio de água uma dúzia de pessoas, jazendo semimortas. Nem o ajudaram nem o atrapalharam quando ele passou atabalhoadamente por cima da borda. Apenas murmuraram:

– Não vire o bote.

Um por um, foram chegando outros, até haver umas duas dúzias de pessoas amontoadas no fundo. Formavam uma mistura estranha: o astro do tênis R. Norris Williams Jr., deitado ao lado de seu casaco de pele encharcado; dois suecos; o foguista John Thompson, com as mãos gravemente queimadas; um passageiro da primeira classe de ceroulas; o camareiro Edward Brown; a sra. Rosa Abbott, passageira da terceira classe.

Aos poucos, o desmontável A ia afastando-se, e os nadadores chegavam em intervalos cada vez mais longos. Por fim, ninguém mais apareceu, e o bote semialagado ficou à deriva, solitário e silencioso na noite vazia.

Enquanto isso, outros nadadores iam para o desmontável B, emborcado, que estava muito mais perto. Havia muito mais gente em torno de sua quilha curvada branca, muito mais ativa e falando muito mais alto.

– Salvem uma vida! Salvem uma vida! – Walter Hurst ouvia gritarem repetidamente enquanto tentava juntar-se aos homens que tinham subido no desmontável.

O operador de rádio Harold Bride estava lá desde o início, mas embaixo do bote. Lightoller também chegara antes de o Titanic afundar. Ele estava na água ao lado do barco quando a chaminé de vante ruiu. A onda quase o levou para longe, ao mesmo tempo que empurrava o jovem Jack Thayer diretamente para o bote. Até então, Hurst e três ou quatro mais estavam agachados sobre a quilha. Lightoller e Thayer se arrastaram para lá também. Bride continuava embaixo do bote, deitado de costas, batendo a cabeça contra os bancos, lutando para respirar na escuridão abafada.

Depois, veio R. H. Barkworth, juiz de paz de Yorkshire. Vestia um grande casaco de pele sobre o colete salva-vidas; surpreendentemente, aquele arranjo ousado o ajudou a boiar. Com casaco de pele e tudo, também ele subiu no desmontável emborcado, como um animal desgrenhado e ensopado.

O coronel Gracie apareceu mais tarde. Arrastado para o fundo com o Titanic, primeiro tentou agarrar-se a uma tábua e depois a uma grande caixa de madeira, antes de avistar o bote virado. Quando finalmente chegou até ele, mais de uma dúzia de homens estava deitada ou ajoelhada no casco.

Ninguém estendeu a mão para ajudá-lo. Com cada novo homem, o desmontável afundava um pouco mais; a água já passava sobre a quilha de vez em quando. Mas Gracie não tinha chegado tão longe para nada. Agarrou o braço de um homem deitado no bote e arrastou-se até a quilha. Em seguida, o chef assistente de cozinha John Collins chegou nadando e deu um jeito de subir também. Em seguida, Bride emergiu de baixo do bote e ergueu-se até a popa.

Quando o camareiro Thomas Whiteley apareceu, o desmontável B chafurdava sob o peso de trinta homens. Ao se aproximar, alguém lhe bateu com um remo, mas ele conseguiu subir mesmo assim. O foguista Harry Senior também foi repelido a golpes de remo, porém deu a volta nadando para o outro lado e acabou convencendo os que ali estavam a deixá-lo subir também.

O tempo todo, homens entre a popa e a proa batiam na água com tábuas soltas, remando para afastar-se dos destroços e dos nadadores.

– Fiquem com o que já têm. Mais um afundaria todos nós – gritou um homem no bote para os que estavam na água.

– Está tudo bem, rapazes; mantenham a calma – respondeu um dos nadadores quando lhe pediram que não se aproximasse. E nadou para longe, gritando: – Boa sorte! Deus os abençoe!

Outro nadador os animava:

– Isso mesmo! Bons rapazes!

Tinha autoridade na voz e nunca pediu para subir no bote. Embora o desmontável estivesse perigosamente superlotado, Walter Hurst não conseguiu resistir a lhe estender um remo. O homem, porém, já estava muito longe dali. Quando o remo o tocou, ele girou sobre si mesmo como uma rolha e ficou em silêncio. Até hoje, Hurst acha que era o capitão Smith.

Enquanto se afastavam dos destroços e dos nadadores na noite solitária, um dos marinheiros deitados sobre a quilha perguntou, hesitante:

– Vocês não acham que devíamos rezar?

Todos concordaram. Uma rápida enquete revelou católicos, presbiterianos, episcopais, metodistas, todos misturados; então, decidiram-se pelo Pai-Nosso, pronunciando-o em coro sob a liderança do homem que tinha sugerido a oração.

Aquele não era o único som que pairava sobre as águas. O tempo todo, enquanto os desmontáveis A e B se enchiam de gente e os homens lutavam penosamente para afastar-se dali, centenas de nadadores clamavam por socorro. As vozes de cada um perdiam-se no clamor constante, avassalador. Para o foguista George Kemish, que manejava o remo no bote 9, aquilo soava como 100 mil torcedores em uma final do campeonato de futebol britânico. Para Jack Thayer, na quilha do desmontável B, parecia o zumbido agudo de gafanhotos em uma noite de verão nas florestas da sua Pensilvânia natal.

“Isto parece uma porcaria de piquenique”

Os gritos na noite significavam uma única coisa para o enérgico e impulsivo quinto oficial Lowe: remar de volta e ajudar.

Ele estava em boa posição para fazer algo. Depois de deixar o Titanic no bote 14, tinha arrebanhado os botes 10, 12, 4 e D, e as cinco embarcações foram amarradas umas às outras como uma fieira de contas a cerca de 150 metros de distância.

– Considerem-se sob meu comando – ordenou, passando a organizar sua flotilha para o trabalho de resgate.

Seria suicídio irem todos os botes – havia muito poucos tripulantes para enfrentar a balbúrdia –, mas um deles com uma equipe escolhida a dedo podia fazer algum bem. Assim, Lowe distribuiu seus 55 passageiros pelos outros quatro botes e contou com alguns voluntários para dotar o 14 de remadores hábeis.

Era enervante fazer a dança das cadeiras com barcos a remo às duas e meia da manhã, no meio do Atlântico – quase mais do que Lowe conseguia aguentar.

– Pule, maldição, pule! – gritou ele, impaciente, a Daisy Minahan.

Uma mulher de idade com um xale, por sua vez, parecia ágil demais. Lowe arrancou-lhe o xale e deparou com o rosto assustado de um jovem, com os olhos arregalados de pavor. Dessa vez, Lowe nada disse, mas atirou o jovem ao bote 10 com toda a força que pôde.

Levou tempo para fazer a transferência. Depois, mais tempo para esperar que os nadadores se espalhassem o suficiente para tornar a expedição segura. E ainda mais tempo para chegar até lá. Passava das três da manhã – quase uma hora desde o naufrágio – quando o bote 14 se aproximou dos destroços e das pessoas.

Restavam poucas, entre elas o camareiro John Stewart, o passageiro da primeira classe W. F. Hoyt e um passageiro japonês da terceira classe que tinha se amarrado a uma porta. Por quase uma hora, o bote 14 ficou brincando de cabra-cega sem esperança, perseguindo gritos e apelos na escuridão, com dificuldade de chegar a quem pedia socorro.

Resgataram apenas quatro; W. F. Hoyt morreu uma hora depois. Lowe calculou mal o tempo que levaria para remar até os destroços... quanto demoraria para localizar uma voz no escuro... e, acima de tudo, quanto tempo uma pessoa poderia viver na água a dois graus abaixo de zero. Soube assim que não havia necessidade de esperar que a multidão se dispersasse mais. Mas Lowe, pelo menos, voltou.

O terceiro oficial Pitman, no bote 5, também ouviu os gritos. Virou o barco e ordenou:

– Agora, homens, vamos remar na direção do naufrágio!

– Apele ao oficial que não volte! – implorou uma senhora ao camareiro Etches, que remava. – Por que todos nós deveríamos perder a vida em uma tentativa inútil de salvar outros do navio?

Outras mulheres protestaram também. Pitman ficou dilacerado pelo dilema. Por fim, cancelou a ordem e disse aos homens que pousassem os remos. Durante a hora seguinte, o bote 5 – com capacidade para 65 pessoas, mas carregando quarenta – balançou suavemente nas calmas marolas do Atlântico, enquanto seus passageiros ouviam os nadadores a trezentos metros deles.

O garçom Johnson lembrou-se de, no bote 2, o quarto oficial Boxhall ter perguntado às senhoras: "Vamos voltar?". Elas disseram que não; e assim aquele barco – com cerca de 60% de ocupação – também ficou à deriva enquanto seus passageiros escutavam.

As mulheres do bote 6 eram diferentes. A sra. Lucien Smith, irritada por ter caído na mentira que o marido usara para fazê-la embarcar; a sra. Churchill Candee, comovida com a bravura de seus autonomeados protetores; a sra. J. J. Brown, naturalmente corajosa e sedenta de aventura – todas imploraram ao contramestre Hitchens que desse meia-volta. Hitchens recusou-se. Pintou um retrato vívido dos nadadores agarrando-se ao barco, fazendo-o inundar e emborcar. As mulheres insistiram, enquanto os gritos iam ficando mais fracos. O bote 6 – capacidade, 65; ocupação, 28 – não se aproximou nem um pouco.

No 1, o foguista Charles Hendrickson gritou:

– Temos de voltar e pegar quem estiver na água.

Ninguém respondeu. O vigia George Symons, no comando do bote, não fez movimento algum. Então, quando a sugestão foi feita de novo, sir Cosmo Duff Gordon disse que não achava que devessem tentar – seria perigoso; o bote inundaria. Com isso, o assunto foi abandonado. O bote 1 – feito para quarenta pessoas, porém com apenas doze – seguiu remando sem rumo na escuridão.

Bote após bote, a história foi a mesma: uma sugestão tímida, uma recusa mais forte, e nada era feito. Das 1.600 pessoas que afundaram com o Titanic, somente treze foram resgatadas pelos dezoito botes que pairavam nas proximidades. O desmontável D recolheu Hoyt porque ele tinha planejado assim. O bote 4 salvou oito pessoas – não por ter regressado por elas, mas porque elas estavam a seu alcance. Somente o 14 realmente voltou. Por que os outros não retornaram faz parte da misteriosa razão que leva homens treinados a reagirem de maneiras tão diferentes em situações idênticas.

Quando os gritos sumiram, a noite ficou estranhamente calma. O Titanic, a torturante expectativa, tinha partido. O choque com o que acontecera, a confusão e a emoção que se seguiram e a percepção de que amigos íntimos estavam perdidos para sempre ainda não tinham produzido efeito. Uma curiosa tranquilidade apossou-se de muitos dos que estavam nos botes.

Com a sensação de calma, veio a solidão. Lawrence Beesley se perguntava por que o Titanic, mesmo depois de mortalmente ferido, produzia em todos um sentimento de companheirismo e segurança que nenhum bote salva-vidas conseguia proporcionar. No 3, Elizabeth Shutes olhava para as estrelas cadentes e pensava em como os foguetes do Titanic deviam ter parecido insignificantes, em comparação com a natureza. Tentou lutar contra a solidão fingindo que estava de volta ao Japão. Por duas vezes, naquele país, ela tinha saído à noite, também sozinha e com medo, mas no fim tudo dera certo.

No bote 4, Jean Gertrude Hippach igualmente olhava para as estrelas cadentes – nunca tinha visto tantas. Lembrou-se de uma lenda que dizia que, toda vez que aparece uma estrela cadente, alguém morre.

Lentamente – muito lentamente –, a vida nos botes foi retomando o ritmo. O quarto oficial Boxhall começou a disparar foguetes de sinalização verdes do bote 2. De alguma forma, isso tirou as pessoas do torpor e as animou. Era difícil calcular a distância, e alguns acharam que aqueles foguetes verdes vinham de navios de salvamento no horizonte.

Remos guinchavam e fendiam as águas, vozes gritavam saudações de um bote a outro na escuridão. O 5 e o 7 amarraram-se um ao outro, assim como o 6 e o 16. O 6 pegou emprestado um foguista para ter mais força para remar. Outros botes foram afastando-se. Em um raio de quatro a cinco milhas, dezoito pequenos barcos vagavam pela noite ou flutuavam juntos em um mar liso como uma represa. Um foguista do bote 13 lembrou-se das ocasiões em que estivera no lago do Regent Park e deixou escapar:

– Isto parece uma porcaria de piquenique!

Às vezes parecia de fato um piquenique – a conversa, as crianças entre os pés. Lawrence Beesley tentou cobrir um bebê que chorava e descobriu que ele e a mulher que segurava a criança tinham amigos comuns em Clonmel, Irlanda. Edith Russell divertiu outro bebê com seu porco de brinquedo que tocava maxixe sempre que lhe torciam o rabo. Hugh Woolner viu-se dando biscoitos a Louis Navatril, de quatro anos. A sra. John Jacob Astor emprestou a uma mulher da terceira classe um xale para proteger sua filhinha, que choramingava de frio. A mulher agradeceu à sra. Astor em sueco e envolveu a filha com ele.

Mais ou menos na mesma hora, Marguerite Frolicher conheceu um importante apetrecho para piqueniques. Ainda mortalmente enjoada, chamou a atenção de um cavalheiro bondoso que estava sentado perto dela. Ele sacou uma garrafa de bolso de prata com um copo na tampa e disse que um gole de conhaque poderia ajudar. Ela aceitou a sugestão e ficou boa instantaneamente. Talvez fosse o conhaque, talvez a novidade da experiência – em seus 22 anos de vida, ela jamais tinha visto uma garrafa de bolso e ficou fascinada.

Mas nunca um piquenique tinha sido tão frio. A sra. Crosby tremia tanto no bote 5 que o terceiro oficial Pitman a cobriu com uma vela de navegação. Um foguista do 6 sentou-se ao lado da sra. Brown, com os dentes batendo. Ela envolveu as pernas dele com sua estola de zibelina, amarrando as pontas nos tornozelos. No 16, um homem de pijama branco parecia estar tão gelado que lembrava um boneco de neve aos outros passageiros. A sra. Charlotte Collyer estava tão entorpecida que tombou no 14; seus cabelos ficaram presos em uma forquilha e um grande tufo foi arrancado pelas raízes.

A tripulação fazia o possível para dar mais conforto às mulheres. No bote 5, um marinheiro tirou as meias e deu-as à sra. Washington Dodge. Quando ela olhou para ele com grata surpresa, o marinheiro explicou:

– Garanto-lhe, senhora, que estão perfeitamente limpas. Só as vesti hoje de manhã.

No 13, o foguista Beauchamp tremia de frio em sua jaqueta fina, mas recusou-se a aceitar um casaco oferecido por uma senhora, insistindo que, em vez disso, ela o desse a uma jovem irlandesa. Para as pessoas que estavam naquele bote, um alívio veio de forma inesperada. O garçom Ray, ao sair de sua cabine pela última vez, pegara seis lenços que estavam no baú. Distribuiu-os no bote, dizendo às pessoas que fizessem um nó em cada ponta, transformando-os em gorros. Como resultado, relembraria ele com orgulho, "seis cabeças foram coroadas".

Além do frio, o número de mulheres remando dissipava a ilusão de piquenique. No bote 4, a sra. John B. Thayer remou por cinco horas com água até as canelas. No 6, a irreprimível sra. Brown organizou as mulheres, duas para cada remo: uma segurava o remo no lugar, enquanto a outra o movia. Dessa maneira, as sras. Brown, Meyer, Candee e outras impeliram o bote por três ou quatro milhas, em um esforço desesperado para alcançar a luz que ficara cintilando no horizonte a maior parte da noite.

A sra. Walter Douglas manejava o leme do bote 2. Boxhall, que estava no comando, recolheu um remo e ajudou a disparar os foguetes de sinalização verdes. No 8, a sra. J. Stuart White não remou, mas autonomeou-se uma espécie de sinaleira. Tinha uma bengala com uma lanterna embutida e, na maior parte da noite, acenou com ela ferozmente por toda parte, ora ajudando, ora confundindo todo mundo.

No mesmo bote, Marie Young, Gladys Cherry, a sra. F. Joel Swift e outras lidavam com os remos. A sra. William R. Bucknell observou com orgulho que, enquanto remava ao lado da condessa de Rothes, um pouco mais à frente sua criada remava junto à criada da condessa. Durante a maior parte da noite, a condessa manejou o leme. O marinheiro Jones, que estava no comando, explicou mais tarde ao *The Sphere* por que a pusera lá: "Havia em meu bote uma mulher como deve ser... Quando vi como ela se comportava e ouvi a maneira calma e determinada com que ela falava aos outros, soube que era mais homem do que qualquer um que tínhamos a bordo". No inquérito norte-americano, Jones, talvez por não ter o filtro da imprensa, contou o episódio de um jeito um pouco menos elegante: "Ela tinha muito a dizer, de modo que a coloquei no leme do bote".

Mas não havia dúvida sobre o que Jones achava dela. Após o resgate, ele retirou o número "8" do bote salva-vidas, mandou emoldurá-lo e enviou-o à condessa para mostrar sua admiração. De sua parte, ela ainda escreve para ele todo Natal.

À medida que a noite avançava, a compostura inicial começou a ceder. No 3, a sra. Charles Hays saudava os botes que se aproximavam, à procura do marido.

– Charles Hays, você está aí? – chamava ela, repetidamente.

No 8, a signora de Satode Penasco ficou gritando pelo marido, Victor, até que a condessa de Rothes não aguentou mais. Entregou o leme à prima Gladys Cherry, sentou-se ao lado da signora e passou o resto da noite remando ao lado dela, tentando animá-la. No 6, madame de Villiers chamava constantemente o filho, que nem estivera no Titanic.

Aos poucos, começaram a irromper muitas discussões. As mulheres do 3 brigavam por ninharias, envergonhando os maridos, que ficavam em silêncio. A sra. Washington Dodge – que, contra a vontade de todos os demais no 5, quisera voltar – ficou tão irritada que, quando o 7 se aproximou, trocou de bote em pleno oceano. No 11, Maud Slocombe, a irreprimível massagista do Titanic, ajudou aos berros a controlar uma mulher que o tempo todo fazia tocar nada menos do que um despertador. O marinheiro Diamond, um rude ex-boxeador que estava no comando do 15, proferia impropérios que deixavam o ar da noite ainda mais pesado.

Muitas das discussões giravam em torno de fumar. Em 1912, o tabaco ainda não era a grande panaceia norte-americana para aliviar a pressão e a tensão, e as mulheres dos botes ficaram chocadas. Elizabeth Shutes pediu a dois homens sentados perto dela no 3 que parassem de fumar, mas eles continuaram. Para a sra. J. Stuart White, essa era uma questão que até no inquérito ainda incomodava. Quando o senador Smith perguntou se ela queria dizer algo sobre a disciplina da tripulação, ela explodiu: "Quando os botes se afastaram do navio, esses camareiros tiraram cigarros do bolso e os acenderam. Em uma ocasião como aquela!".

No clima mais informal do bote 1, fumar não era problema. Quando sir Cosmo Duff Gordon deu um bom charuto ao foguista Hendrickson, nenhuma das mulheres pôde objetar. A srta. Francatelli trabalhava para a esposa de sir Cosmo, e lady Duff Gordon estava enjoada demais para se importar. Com a cabeça apoiada nos remos e no poleame, ela vomitou a noite toda.

Mas o 1 também teve suas brigas. Sir Cosmo e C. E. Henry Stengel, de Newark, Nova Jersey, não se davam muito bem. Isso talvez não tivesse importado em um bote lotado, mas, com apenas doze pessoas, era um tanto enervante. Segundo sir Cosmo, Stengel gritava o tempo todo: "Ó de bordo!". Também dava conselhos conflitantes ao vigia Symons sobre aonde dirigir-se. Ninguém prestava atenção, porém sir Cosmo se irritou tanto que acabou dizendo a Stengel que se calasse. Sir Cosmo ficou duplamente irritado quando, mais tarde, Stengel declarou: "Sir Cosmo e eu decidimos que caminho seguir".

Enquanto isso, o foguista Pusey fumegava de raiva com os esforços de lady Duff Gordon para consolar a srta. Francatelli pela perda da camisola. Na mesma hora, disse-lhe:

– Não se preocupe, a senhora salvou a sua vida, mas nós perdemos o nosso equipamento.

Meia hora depois, ainda irado, Pusey virou-se para sir Cosmo.

– Suponho que o senhor perdeu tudo?

– Claro.

– Mas pode obter mais?

– Posso.

– Bem, nós perdemos o nosso equipamento, e a empresa não vai nos dar outro. Além disso, nosso salário deixa de ser pago a partir de hoje à noite.

Sir Cosmo perdeu a paciência:

– Muito bem, vou lhe dar uma nota de cinco libras para começar a montar um equipamento novo.

E assim fez, mas viveu para se arrepender. O quase monopólio da família Gordon Duff sobre o bote 1 e o fato de este não ter voltado para recolher mais gente deram ao presente uma aparência de propina que sir Cosmo teve muita dificuldade para superar.

Os eventos subsequentes tampouco o ajudaram. Quando lady Duff Gordon juntou os homens com colete salva-vidas para uma foto de grupo após o resgate, eles pareciam mais a tripulação pessoal dos Duff Gordons. Tempos depois, quando se soube que o vigia Symons, nominalmente no comando do bote, passara o dia com o advogado de sir Cosmo antes de testemunhar no inquérito britânico, ficou parecendo até que este tivesse um timoneiro pessoal.

Não há nenhuma evidência de que sir Cosmo fosse culpado de muito mais que um extremo mau gosto.

A bebida também causou alguns problemas. Quando o bote 4 tirou um tripulante da água, ele tinha no bolso uma garrafa de conhaque, que foi jogada fora. Algumas semanas depois, ele explicou à imprensa: "Temia-se que, se uma pessoa histérica no bote a pegasse, as coisas pudessem acabar mal". A versão da srta. Eustis foi um pouco diferente: "Um homem estava bêbado e tinha uma garrafa de conhaque no bolso, que o contramestre atirou prontamente ao mar, e o bêbado foi jogado no fundo do bote...".

No 6, ocorreu um outro tipo de problema. O atrito eclodiu no momento em que o major Peuchen deslizou pelo cabo para completar a tripulação. Peuchen, acostumado a dar ordens, não conseguiu resistir à tentação de assumir o comando. O contramestre Hitchens tinha outras ideias. Ao se afastarem do Titanic, Peuchen remava e Hitchens manejava o leme, mas em dez minutos o major pediu ao contramestre que pusesse uma senhora no leme e se juntasse a ele nos remos. Hitchens respondeu que estava no comando e que a tarefa de Peuchen era remar e ficar quieto.

O bote lutava penosamente para afastar-se, com apenas Peuchen e o vigia Fleet nos remos. Sob a liderança da sra. Brown, a maioria das mulheres aos poucos começou a remar, porém Hitchens continuou grudado no leme, gritando que remassem com mais força ou todos seriam sugados para o fundo quando o Titanic fosse a pique.

As mulheres começaram a gritar e, enquanto o bote avançava pela escuridão, a noite ecoava o áspero bate-boca. Na maior parte do tempo, o 6 seguiu em direção à luz fugaz no horizonte. No entanto, quando ficou evidente que nunca poderiam alcançá-la, Hitchens anunciou que tudo estava perdido – não tinham nem água, nem comida, nem bússola, nem mapas, e estavam a centenas de milhas da terra, sem saber para que lado estavam indo.

Àquela altura, o major Peuchen já tinha desistido, mas as mulheres voltaram-se contra Hitchens. A sra. Candee, carrancuda, mostrou-lhe a estrela polar. A sra. Brown disse a ele que calasse a boca e remasse. A sra. Meyer zombou da coragem dele.

Então, amarraram-se ao bote 16, e Hitchens ordenou-lhes que ficassem à deriva. As mulheres, porém, não aguentavam o frio e insistiam em remar para se manter aquecidas. A sra. Brown assumiu o comando, deu um remo a um foguista sujo de fuligem transferido do 16 e mandou que todos remassem.

Hitchens levantou-se para detê-la, e a sra. Brown disse-lhe que, caso ele chegasse mais perto, ela o atiraria ao mar.

Ele afundou-se debaixo de um cobertor e começou a gritar insultos. A sra. Meyer retrucou: acusou-o de pegar todos os cobertores e de beber todo o uísque. Hitchens a insultou. O foguista transferido, imaginando onde diabos tinha ido parar, gritou:

– Ei, você não sabe que está falando com uma senhora?

Hitchens gritou de volta:

– Sei com quem estou falando, e estou no comando deste bote!

Mas a repreensão do foguista funcionou. O contramestre ficou em silêncio. O bote 6 seguiu pela noite com Hitchens amansado, Peuchen fora da disputa e a sra. Brown praticamente no comando.

Mesmo entre os homens que se agarravam desesperadamente ao desmontável B, emborcado, houve tempo para altercações mesquinhas. O coronel Gracie – com os dentes batendo, os cabelos emaranhados congelados – notou que o homem ao lado dele usava um boné de passeio que estava seco. Pediu-lhe o boné emprestado para aquecer a cabeça por um minuto.

– E eu me aqueço com o quê? – gritou o homem.

Os nervos no B estavam compreensivelmente à flor da pele. O ar estava vazando do casco, e a cada minuto o bote afundava um pouco mais. O mar às vezes passava sobre a quilha, e qualquer movimento brusco podia atirar todos à água. Precisavam muito de um líder capaz de manter a calma.

Nesse momento, Gracie ficou aliviado ao ouvir a voz profunda e melodiosa do segundo oficial Lightoller, e ainda mais quando um tripulante do bote, um pouco embriagado, conclamou:

– Todos nós vamos obedecer às ordens do oficial.

Lightoller reagiu rapidamente. Sentindo que só uma ação organizada e coordenada manteria o bote equilibrado, fez com que todos os trinta homens se levantassem. Arranjou-os em uma coluna dupla, de frente para a proa. Então, quando o bote balançava com as ondas, ele gritava: "Inclinem-se para a direita", ou "Fiquem em pé", ou "Inclinem-se para a esquerda" – o que fosse necessário para neutralizar o movimento do mar.

Enquanto jogavam seu peso para cá e para lá, gritavam: "Ó de bordo! Ó de bordo!". Depois de um tempo, Lightoller pediu-lhes que parassem, para poupar forças.

Esfriou ainda mais, e o coronel queixou-se novamente da cabeça, dessa vez a Lightoller. Outro homem ofereceu a ambos um gole de sua garrafa de bolso. Os dois recusaram, mas apontaram para Walter Hurst, que estava tremendo. Hurst pensou que fosse conhaque e tomou um grande gole. Quase engasgou – era essência de menta.

Falava-se muito, surpreendentemente. O assistente de cozinheiro John Maynard contou como o capitão Smith nadou ao lado do bote pouco antes de o Titanic dar o último mergulho. Puxaram-no para dentro, porém ele se soltou e se afastou. Mais tarde, o foguista Harry Senior afirmou que o capitão se soltara de propósito, dizendo: "Vou seguir o navio!". Pode ter sido verdade, mas Hurst está seguro de que o capitão nunca chegou até o bote. Além disso, Senior foi um dos últimos a chegar – provavelmente tarde demais para ter visto o capitão.

Falavam, sobretudo, de ser resgatados. Lightoller não demorou a descobrir o operador júnior de rádio Harold Bride na popa do bote e, de onde estava na proa, perguntou-lhe que navios estavam a caminho. Bride respondeu, gritando:

– O Baltic, o Olympic, o Carpathia.

Lightoller calculou que o Carpathia deveria chegar ao amanhecer... e espalhou a notícia, para animar os espíritos deprimidos.

Desse momento em diante, ficaram perscrutando o horizonte à procura de algum sinal. De vez em quando, animavam-se com os foguetes de sinalização verdes disparados por Boxhall do bote 2. Até Lightoller achava que provinham de outro navio.

Lentamente, a noite passou. Pouco antes da aurora, levantou-se uma brisa ligeira. O ar parecia mais gelado. O mar ficou mais agitado. Ondas de frio cortante batiam nos pés, nas pernas e nos joelhos dos homens no bote B. Os borrifos de água do mar golpeavam o corpo deles como facas e os deixavam cegos. Um homem, em seguida outro e depois mais um rolaram pela popa e desapareceram. Os demais ficaram em silêncio, completamente absorvidos na batalha para continuar vivos.

O mar também ficou em silêncio. Ninguém avistou vestígio de vida algum nas ondas que encrespavam o Atlântico suave quando a primeira luz da manhã raiou no céu.

E um homem continuava vivo graças a uma notável combinação de sorte, iniciativa e álcool. Quatro horas antes, o padeiro-chefe Charles Joughin fora despertado, como tantos no Titanic, por aquele estranho barulho de trituração.

E, como muitos outros, ouviu a chamada geral a postos um pouco depois da meia-noite.

Mas Joughin não se limitou a apresentar-se no convés principal. Pensou que, se eram necessários botes, provisões também seriam; por iniciativa própria, reuniu sua equipe de treze padeiros e, juntos, saquearam todos os pães que restavam na despensa do Titanic. Depois, os padeiros marcharam para cima, transportando quatro grandes pães cada um.

Joughin, em seguida, retirou-se para sua cabine, a bombordo do convés E, para tomar um gole de uísque.

Por volta de meia-noite e meia, sentiu-se fortalecido o bastante para subir pela escada até o bote dele, o 10. A essa altura, ainda era difícil convencer as mulheres a embarcar. Joughin, então, recorreu a métodos mais vigorosos. Desceu ao convés de passeio e arrastou algumas para cima à força. Depois, em suas palavras, "jogou-as" dentro do bote. Rude, mas eficaz.

Joughin tinha sido alocado no bote 10 como capitão, mas achou que havia homens suficientes ali; então, saltou e ajudou a arriá-lo ao mar em vez de ir com ele. Se tivesse ido, explicou, "teria dado um mau exemplo".

Já era 1h20. Joughin de novo desceu em disparada a escada inclinada até sua cabine no convés E e serviu-se de mais uma dose. Sentou-se no beliche e ficou bebericando o uísque – vendo, sem ficar especialmente preocupado, a água que passava pela porta da cabine, corria pelo linóleo xadrez e cobria os sapatos no chão.

Por volta da 1h45, viu ninguém menos que o velho e gentil dr. O'Loughlin bisbilhotando por ali. Nunca ocorreu a Joughin perguntar-se o que o idoso cavalheiro estaria fazendo lá embaixo, mas a proximidade da despensa sugere que Joughin e o médico estavam seguindo linhas de pensamento semelhantes.

Joughin cumprimentou-o brevemente e, em seguida, voltou ao convés principal. Bem na hora, pois o Titanic já adernava fortemente, e a inclinação estava muito mais acentuada. Um pouco mais tarde, as escadas poderiam estar intransponíveis.

Apesar de todos os botes terem partido, Joughin não desanimou. Desceu para o convés B e começou a atirar cadeiras dobráveis pelas janelas do passeio coberto. Outros ficaram olhando, mas não ajudaram. No total, ele atirou cerca de cinquenta cadeiras ao mar.

Era um trabalho cansativo; por isso, depois de carregar a última cadeira até a borda e espremê-la pela janela (era um pouco como passar uma linha por uma agulha), Joughin retirou-se para a despensa a estibordo do convés A. Eram 2h10.

Enquanto saciava a sede – dessa vez com água –, ouviu uma espécie de choque, como se algo tivesse cedido. Xícaras e pires voaram sobre ele, o brilho das lâmpadas ficou avermelhado e ele ouviu em cima o som de pés correndo para a ré.

Joughin saiu rápido da despensa para a popa do convés A, logo atrás de um enxame de gente que seguia para a mesma direção, depois de descer as escadas do convés principal, acima. Longe da multidão tanto quanto possível, foi correndo atrás dela. Desceu para o convés B e, então, para o convés do poço. Assim que chegou lá, o Titanic deu uma virada nauseante para bombordo, jogando a maioria das pessoas contra a amurada de bombordo.

Joughin foi o único que manteve o equilíbrio. Alerta, mas relaxado, conseguiu firmar-se no lugar prodigiosamente, enquanto a popa erguia-se e girava para bombordo. A inclinação do convés estava acentuada demais para que alguém pudesse permanecer em pé. Ele passou por cima da amurada de estibordo e pulou para o costado do navio. Subiu por ali, segurando a grade da amurada pelo lado de fora, até chegar às chapas de aço pintadas de branco do convés do tombadilho. Ficou em pé sobre a extremidade arredondada da popa do navio, que se tinha erguido no ar uns cinquenta metros acima da água.

Joughin apertou displicentemente o colete salva-vidas. Em seguida, olhou para o relógio: eram 2h15. Teve então a ideia de tirá-lo e colocá-lo no bolso de trás das calças. Estava começando a ponderar sobre a posição em que se encontrava quando sentiu que a popa começava a cair debaixo de seus pés – era como estar em um elevador. Quando o mar se fechou sobre a popa, Joughin desceu para a água. Nem chegou a molhar a cabeça.

Afastou-se nadando pela noite adentro, pouco incomodado com a água gelada. Eram quatro da manhã quando viu o que pensou serem destroços na primeira luz cinzenta do dia. Nadou até eles e descobriu que era o desmontável B, emborcado.

A quilha estava lotada e ele não conseguiu subir, de modo que ficou por perto um tempo até avistar um velho amigo da cozinha, o chef de pratos principais John Maynard. A amizade revelou seu valor: Maynard estendeu a mão e Joughin a segurou, sem sair da água, ainda totalmente protegido do frio devido aos drinques que tomara.

Os outros não o notaram... em parte porque estavam entorpecidos demais para se preocupar, em parte porque todos os olhos estavam voltados para o horizonte a sudeste. Um pouco depois das três e meia, avistaram ao longe um clarão, seguido de um estrondo distante. No bote 6, a srta. Norton gritou:

– Um relâmpago!

Hitchens rosnou:

– É uma estrela cadente!

No 13, um foguista deitado no fundo do bote, quase inconsciente por causa do frio, ergueu-se de um salto e gritou:

– Isso foi um canhão!

Logo uma luz solitária apareceu na mesma direção, depois outra e mais outra, fileira após fileira. Um grande navio a vapor estava vindo a toda, disparando foguetes para avisar aos passageiros do Titanic que o socorro estava a caminho. No 9, o marinheiro Paddy McGough de repente trovejou:

– Vamos todos orar a Deus! Há um navio no horizonte e está vindo para cá!

Os homens do bote B soltaram um berro de alegria e começaram a tagarelar de novo. Alguém ateou fogo em um jornal no 3 e acenou freneticamente com ele – e depois fez o mesmo com o chapéu de palha da sra. Davidson, porque queimaria por mais tempo. No bote da sra. A. S. Jerwan, empaparam lenços com querosene e atearam fogo para usá-los como sinais. No 13, fizeram uma tocha de papel com cartas. Boxhall disparou o último foguete de sinalização verde que havia no 2. No bote 8, a sra. White acenou como nunca a sua bengala com lanterna.

Sobre a água ecoavam vivas e gritos de alívio. Até a natureza parecia contente quando a noite lúgubre deu lugar a um lindo amanhecer tingido de malva e coral.

Nem todos viram aquilo. No desmontável A, semialagado, Olaus Abelseth tentou reacender a vontade de viver de um homem meio congelado estendido ao seu lado. Quando o dia irrompeu, segurou-o pelos ombros e levantou-o, para que ficasse sentado sobre as tábuas.

– Olhe! – instou Abelseth – Dá para ver um navio agora; anime-se!

Pegou uma das mãos do homem e ergueu-a. Depois, sacudiu-lhe o ombro, mas ele apenas perguntou:

– Quem é você? – E, um minuto depois: – Deixe-me… Quem é você?

Abelseth segurou-o por um tempo, mas o peso era tanto que ele acabou tendo de usar uma tábua como encosto. Meia hora depois, o céu brilhava em tons quentes e vibrantes de rosa e ouro, porém era tarde demais para que aquele homem o visse.

“Estamos correndo para o norte como loucos”

Deitada em seu camarote do Carpathia, transatlântico da Cunard Line que ia de Nova York para o Mediterrâneo, Anne Crain estava intrigada com o estimulante aroma de café sendo feito. Era quase uma da manhã da quarta noite de viagem, e ela já conhecia suficientemente bem o pequeno e tranquilo navio para saber que qualquer sinal de atividade após a meia-noite era incomum, ainda mais a preparação de café.

Adiante, no mesmo corredor, Ann Peterson também estava acordada na cama. Perguntava-se por que as luzes estavam acesas em todo o navio – normalmente, o acanhado Carpathia estaria dormindo àquela hora.

Howard M. Chapin, deitado no beliche superior de sua cabine no convés A, com o rosto a poucos centímetros do convés principal, acima, estava mais preocupado do que intrigado. Em algum momento depois da meia-noite, um som estranho acordou-o de repente. Era um homem ajoelhando-se no convés logo acima de sua cabeça. Um dia antes, ele tinha notado um cabo de botes salva-vidas preso a um cunho quase nesse mesmo lugar; agora, teve certeza de que o homem estava soltando o bote e de que havia algo errado.

Ali perto, a sra. Louis M. Ogden acordou em um camarote frio, com o navio em alta velocidade. Ouvindo fortes ruídos acima dela, também chegou à conclusão de que algo estava errado. Sacudiu o marido adormecido. Seu palpite não a tranquilizou: o barulho era o da tripulação soltando os calços dos botes salva-vidas. Ele abriu a porta da cabine e viu uma fila de camareiros carregando cobertores e colchões. Aquilo tampouco era tranquilizador.

Aqui e ali por todo o navio, os passageiros de sono leve ouviam, agitados, ordens abafadas, tropel de pés, turcos rangendo. Alguns se perguntavam sobre os motores, que estavam girando com muito mais força, com muito mais rapidez do que a habitual. Os colchões vibravam fortemente... os copos de lavabo chacoalhavam com estrépito em seu suporte... o madeirame gemia com o esforço. Uma volta da torneira produzia apenas água fria; um toque no botão do aquecedor não surtia efeito algum – os motores pareciam estar utilizando cada grama de vapor.

O mais estranho de tudo era o frio. O Carpathia zarpara de Nova York em 11 de abril, com destino a Gibraltar, Gênova, Nápoles, Trieste e Fiume. Os 150 passageiros da primeira classe eram na maioria norte-americanos idosos indo atrás do sol naquela era pré-Flórida; os 575 da terceira classe eram, principalmente, italianos e eslavos que estavam voltando a seu Mediterrâneo ensolarado. Todos eles tinham saudado a agradável brisa da corrente do Golfo naquela tarde de domingo. Por volta das cinco da tarde, o tempo ficou tão quente que o sr. Chapin levou a espreguiçadeira em que estava para a sombra. Agora, tinha ocorrido uma mudança surpreendente – o vento gélido que soprava por todas as brechas e aberturas parecia vir do Ártico.

No passadiço, o capitão Arthur H. Rostron perguntava-se se teria esquecido alguma coisa. Ele estava no mar havia 27 anos – 17 deles na Cunard –, mas aquele era apenas seu segundo ano como capitão na companhia e seu terceiro mês no Carpathia. O pedido de socorro do Titanic seria seu primeiro teste verdadeiro.

Quando o CQD chegou, Rostron já tinha se recolhido. Harold Cottam, operador de rádio do Carpathia, apressou-se em levar a mensagem ao primeiro oficial Dean, no passadiço. Os dois desceram correndo a escada, atravessaram o camarim de navegação e irromperam na cabine do capitão. Rostron, defensor da disciplina mesmo semiadormecido, perguntou-se onde o navio ia parar, com as pessoas entrando de supetão. Supunha-se que elas devessem bater à porta. Mas, antes que pudesse repreendê-los, Dean contou a notícia abruptamente.

Rostron saltou da cama, ordenou que o navio virasse e conferiu com Cottam:

– Tem certeza de que é o Titanic e que solicita assistência imediata?

– Sim, senhor.

– Certeza absoluta?

– Absoluta.

– Tudo bem, diga-lhes que estamos indo o mais rápido possível.

Depois disso, Rostron correu para o camarim de navegação e traçou o novo rumo do Carpathia. Enquanto calculava e rabiscava, viu passar o segundo contramestre, levando uma turma para escovar o convés. Rostron disse-lhe que esquecesse o convés e se preparasse para arriar os botes. O segundo contramestre ficou de queixo caído. Rostron tranquilizou-o:

– Está tudo bem; é por causa de um outro navio, que está em perigo.

Em poucos minutos, o novo rumo foi definido: 52 graus a noroeste. O Carpathia estava a 58 milhas de distância. A 14 nós, levaria quatro horas para chegar. Tempo demais.

Rostron mandou chamar o maquinista-chefe Johnstone e ordenou-lhe que agisse com toda a celeridade; era preciso chamar o pessoal em folga, cortar o aquecimento e a água quente, enfiar cada grama de vapor nas caldeiras.

Depois, mandou chamar o primeiro oficial Dean. Disse-lhe que cancelasse todos os trabalhos de rotina e organizasse o navio para operações de salvamento. Especificamente, as ordens eram: preparar e içar todos os botes; instalar extensões elétricas ao longo do costado do navio; abrir todos os portalós; enganchar cabos e poleames em cada portaló; providenciar assentos de transporte para doentes e feridos, assim como lonas e sacos para subir crianças pelos portalós; pendurar escadas de corda nos portalós e ao longo do costado; preparar redes de carga para ajudar as pessoas a subir; montar paus de carga a vante (com vapor nos guinchos) para içar correspondência e bagagem a bordo; e ter óleo à mão para derramar pelo costado do navio, no caso de o mar ficar encrespado.

Em seguida, chamou o médico do navio, o dr. McGhee, e passou-lhe as tarefas: coletar todos os fortificantes e estimulantes no navio; montar postos de primeiros socorros em cada salão de jantar; encarregar o médico húngaro da terceira classe, o médico italiano da segunda e o próprio McGhee da primeira.

Depois, foi a vez do comissário Brown: providenciar para que o camareiro-chefe, o comissário assistente e ele próprio cobrissem cada um deles um portaló diferente; receber os passageiros do Titanic; anotar os seus nomes; encaminhá-los ao salão de jantar apropriado (de acordo com a classe) para um exame médico.

Finalmente, outra enxurrada de ordens para o camareiro-chefe Harry Hughes: convocar todos os homens; preparar café para todos; ter sopa, chá, café, conhaque e uísque à disposição dos sobreviventes; empilhar cobertores em cada portaló; converter a sala de fumantes, a sala de estar e a biblioteca em dormitórios para os resgatados; juntar todos os passageiros da terceira classe do Carpathia e usar o espaço obtido para os da terceira classe do Titanic.

Enquanto dava as ordens, Rostron pedia a todos que ficassem quietos. O trabalho que tinham pela frente já era difícil o bastante sem ter os passageiros do Carpathia no meio do caminho. Quanto mais tempo eles dormissem, melhor. Como precaução extra, haveria camareiros a postos em cada corredor. Eles deveriam dizer aos passageiros que estivessem rondando que o Carpathia não estava em apuros e fazê-los voltar para as cabines.

Em seguida, o capitão enviou um inspetor, o instrutor de esgrima e um grupo especial de camareiros para manter os passageiros da terceira classe sob controle. Afinal, ninguém sabia como eles reagiriam quando fossem levados para lá e para cá.

O navio voltou a funcionar. Embaixo, na praça de máquinas, parecia que todo mundo tinha encontrado uma pá e estava despejando carvão nas fornalhas. O pessoal do turno extra pulou dos beliches e correu para dar uma mão. A maioria nem terminou de se vestir. Cada vez mais rápido, o velho navio seguia em frente: 14... 14,5... 15... 16,5... 17 nós. Ninguém jamais sonhara que o Carpathia pudesse trabalhar tão pesado.

No alojamento da tripulação, um puxão no cobertor acordou o camareiro Robert H. Vaughan. Uma voz disse-lhe que se levantasse e se vestisse. Estava escuro como breu, mas Vaughan podia ouvir os companheiros pondo a roupa. Perguntou o que estava acontecendo, e a voz respondeu que o Carpathia tinha batido em um iceberg.

Vaughan foi tropeçando até a vigia e olhou para fora. O navio estava avançando, com ondas brancas rolando pelo costado. Era óbvio que nada havia de errado com o Carpathia. Perplexo, ele e os companheiros continuaram a vestir-se – ainda mais confusos, porque alguém tinha apagado a única lâmpada e eles tinham de se aprontar no escuro.

Quando chegaram ao convés, um oficial os pôs para trabalhar coletando cobertores. No salão de jantar da primeira classe, havia um enxame de homens azafamando-se, deslocando cadeiras, rearranjando mesas, transportando bebidas do bar para o bufê. Vaughan e seus companheiros ainda não conseguiam imaginar a razão de tudo aquilo. Em outros lugares, correu a notícia de que o capitão Rostron queria 3 mil cobertores para "igual número de pessoas ou mais", só que ninguém sabia por quê.

À 1h15, os camareiros ficaram sabendo. Eles foram reunidos no salão de jantar principal, e o camareiro-chefe Hughes pronunciou um pequeno discurso. Contou-lhes sobre o Titanic, explicou as funções de cada um, fez uma pausa e concluiu:

– Que cada homem esteja em seu posto e cumpra seu dever plenamente, como um verdadeiro inglês. Se a situação assim pedir, vamos acrescentar outra página gloriosa à história britânica.

Depois, os camareiros voltaram a trabalhar, a maioria deles levando cobertores das rouparias para os portalós. Foram esses homens que Louis Ogden viu na primeira vez em que olhou para fora da cabine. Decidiu, então, tentar novamente. Agarrou o braço do dr. McGhee, que estava passando, mas o médico disse apenas:

– Por favor, fique em sua cabine; ordens do capitão.

– Sim, mas qual é o problema?

– Um acidente, mas não com o nosso navio. Fique aí dentro.

Ogden foi informar a esposa. Por algum motivo, ele tinha certeza de que o Carpathia estava em chamas e que navegava a toda para obter ajuda. Trocou de roupa, saiu para o convés e encontrou um contramestre que conhecia. Dessa vez, teve uma resposta direta:

– Houve um acidente com o Titanic.

– Você vai ter de me contar uma melhor do que essa! – disse Ogden, quase triunfante. – O Titanic está na rota norte, e nós estamos na sul.

– Estamos correndo para o norte como loucos. Volte para a sua cabine.

Ogden foi de novo dar informações à esposa, que perguntou:

– Você acredita nisso?

– Não. Levante-se e ponha sua roupa mais quente.

Agora, Ogden não tinha mais nenhuma dúvida: o Titanic era inafundável; portanto, o médico e o contramestre deviam estar escondendo algo. Aquela história confirmava seus piores temores: o Carpathia estava em perigo. Eles precisavam escapar. De algum modo, conseguiram esgueirar-se para o convés.

Outros também conseguiram; e compararam notícias, em pequenos grupos furtivos, ocultando-se da tripulação. Aos poucos, foram percebendo que o Carpathia não estava em perigo. Mas, apesar dos rumores sobre o Titanic, ninguém sabia com certeza por que estavam naquela carreira desabalada noite adentro. E é claro que não podiam perguntar, ou seriam enviados para baixo de novo. Assim, ficaram ali, encolhidos nas sombras, todos os olhos perscrutando a escuridão, sem saber o que estavam procurando.

Na verdade, naquele momento ninguém no Carpathia sabia o que procurar. No pequeno camarim de rádio sobre a sala de fumantes da segunda classe, Harold Cottam não conseguia mais contatar o Titanic. Mas aquele rádio era tão pouco potente – com alcance de apenas 150 milhas, na melhor das hipóteses – que ele não tinha certeza do que acontecera. Talvez o Titanic ainda estivesse transmitindo, porém com sinais fracos demais para captar.

E até agora todas as notícias tinham sido ruins. À 1h06, Cottam ouviu-o dizer ao Olympic: "Prepare seus botes; indo a pique rápido na proa"... À 1h10: "Afundando pela proa"... À 1h35: "Praça de máquinas sendo inundada".

O Titanic chegou a perguntar a Cottam quanto tempo eles levariam para chegar.

– Calcule umas quatro horas – instruiu Rostron, que ainda não sabia o que o Carpathia era capaz de fazer.

Em seguida, à 1h50, veio um apelo final: "Venha o mais rápido possível, meu velho; praça de máquinas cheia até as caldeiras". Depois disso, silêncio.

Agora, passava das duas horas, e Cottam continuava tensamente debruçado sobre o rádio. A srta. Peterson olhou para dentro e notou que, apesar do frio cortante, Cottam estava em mangas de camisa. Ele tinha começado a se despir quando o primeiro CQD chegou e ainda não conseguira vestir o casaco.

No passadiço, Rostron também estava pensativo. Tinha organizado os homens, feito tudo o que conseguira imaginar, e agora vinha a parte mais difícil de todas: esperar. Perto dele estava o segundo oficial James Bisset, e mais a vante havia vigias extras. Todos se esforçavam para achar qualquer sinal de gelo, qualquer sinal do Titanic. Até agora, no entanto, não havia nada além do mar vítreo, das estrelas flamejantes e do horizonte, nítido, claro, vazio.

Às 2h35, o dr. McGhee subiu a escada para o passadiço e disse a Rostron que embaixo estava tudo pronto. Enquanto conversavam, o capitão avistou de repente o fulgor de um foguete de sinalização verde no horizonte, cerca de meio ponto a estibordo da proa.

– Lá está a luz dele! – gritou – Ainda deve estar à tona!

Era isso mesmo que parecia. O clarão estava a grande distância. Apenas poderia ser visto se estivesse bem acima da água. Eram apenas 2h40, e eles já estavam à vista – talvez o Carpathia chegasse a tempo, afinal.

Então, às 2h45, o segundo oficial Bisset avistou um pequeno e brilhante feixe de luz dois pontos a estibordo da proa. Era o primeiro iceberg, revelado por nada menos que a luz espelhada de uma estrela.

Em seguida, mais um iceberg; depois, outro. Serpenteando e virando, o Carpathia estava se esquivando de icebergs por todos os lados, sem nunca reduzir a velocidade. Seguiu em frente, com os homens prendendo a respiração em busca do próximo iceberg e avistando de vez em quando mais clarões verdes à distância.

Agora que tudo estava pronto, os camareiros tinham um pouco de tempo livre. Robert Vaughan e seus companheiros foram para o convés do tombadilho. Como boxeadores preparando-se para uma luta, ficaram saltitando e fazendo algazarra para manter-se aquecidos. A certa altura, um enorme iceberg passou perto a estibordo e um homem gritou:

– Ei, companheiros! Olhem só o urso-polar coçando-se com um pedaço de gelo!

Uma piada fraca, talvez, mas os homens gargalharam enquanto o Carpathia continuava avançando.

Então, começaram a disparar foguetes, um a cada quinze minutos, entremeados com rojões com as cores da Cunard. Embaixo correu a notícia de que o outro navio já estava à vista. No salão de jantar principal, os camareiros assumiram seus postos. Na praça de máquinas, os foguistas passaram a manejar as pás com mais vigor do que nunca. Nos portalós e diante dos botes, os homens se posicionaram. Todos estavam agitados pela emoção, e o próprio Carpathia tremia. Um marinheiro comentou mais tarde: "O velho navio estava tão animado como qualquer um de nós".

Mas o coração de Rostron encolheu. Às 3h35, estavam chegando perto da posição do Titanic e ainda não havia nenhum sinal dele. O capitão concluiu que afinal o clarão verde não podia ter chegado tão alto. Fora apenas a transparência da noite que lhe permitira enxergá-lo de longe. Às 3h50, ele pôs os motores "em espera" – estavam quase no local. Às quatro, parou o navio – tinham chegado.

Bem naquele momento, outro clarão verde brilhou. Estava bem à frente, baixo na água. A luz bruxuleante revelou a silhueta de um bote salva-vidas, possivelmente a trezentos metros de distância. Rostron ligou os motores e começou a manobrar o Carpathia para estibordo a fim de aproximar-se do bote, que estava a sota-vento. Um instante mais tarde, avistou um enorme iceberg bem à frente e teve de virar para o outro lado para não bater nele.

O bote estava agora a barlavento, e, quando o navio se dirigiu até ele, soprou uma brisa e o mar ficou agitado. Uma voz vinda da escuridão avisou:

– Só temos um marinheiro e não podemos trabalhar direito.

– Tudo bem – gritou Rostron de volta.

O capitão levou delicadamente o Carpathia para mais perto, até que a voz gritou de novo:

– Parem as máquinas!

Era o quarto oficial Boxhall, no bote 2. Sentada ao lado dele, a sra. Walter Douglas, de Minneapolis, estava à beira da histeria.

– O Titanic – gritou – afundou com todos a bordo!

Boxhall mandou-a calar a boca, e a sua rispidez silenciou-a instantaneamente. Ela logo se recompôs; depois sempre afirmaria que a repreensão fora justificada.

De todo modo, no Carpathia ninguém a tinha ouvido. Todos os olhos estavam grudados no bote salva-vidas que vinha flutuando em direção ao portaló. A sra. Ogden notou o emblema da White Star pintado no costado do bote e os coletes salva-vidas, que davam a impressão de que todos estavam vestidos de branco. A sra. Crain pensou nos rostos pálidos e tensos que olhavam para o convés. O único som era o de um bebê choramingando em algum lugar do barco.

Cabos foram atirados, e o bote foi amarrado. Após um momento de hesitação, às 4h10, Elizabeth Allen subiu lentamente a escada oscilante e caiu nos braços do comissário Brown. Ele lhe perguntou onde o Titanic estava, e ela respondeu que o navio tinha afundado.

No passadiço, Rostron já sabia disso, sem que fosse preciso perguntar; mesmo assim, achava que devia cumprir as formalidades. Mandou chamar Boxhall e, quando o quarto oficial parou tremendo diante dele, perguntou-lhe:

– O Titanic foi a pique?

– Sim – respondeu Boxhall com a voz embargada –, foi a pique por volta das duas e meia.

Já havia clareado um pouco, e as pessoas no convés conseguiam ver outros botes salva-vidas por todos os lados. Estavam espalhados por uma área de quatro milhas, e, na luz cinzenta do amanhecer, era difícil distingui-los das dezenas de pequenos icebergs que cobriam o mar. Entre eles, havia três ou quatro monstros altaneiros, de quarenta a sessenta metros de altura. Para o norte e para o oeste, a umas cinco milhas de distância, estendia-se um campo plano e ininterrupto de gelo até onde a vista alcançava. O bloco estava cravejado aqui e ali de outros icebergs grandes, que se elevavam contra o horizonte.

A visão foi tão surpreendente, tão incrível que os que tinham dormido até então não conseguiam entender direito o que estava acontecendo. A sra. Wallace Bradford, de San Francisco, olhou para fora pela vigia e piscou os olhos sem conseguir acreditar – a mais ou menos meia milha dali erguia-se um pico enorme, irregular, como uma rocha no mar. Não era branco, e ela perguntou a si mesma: "Como podemos estar perto de uma rocha se estamos a quatro dias de Nova York, indo para o sul, no meio do oceano?".

Sue Eva Rule, de St. Louis, ficou igualmente intrigada. Quando viu um dos botes salva-vidas na primeira luz da manhã, ele parecia a gôndola de um dirigível, e o enorme monte cinzento por trás lembrava um arcabouço. Teve certeza de que estavam resgatando a tripulação de um dirigível caído.

Outro passageiro desconcertado cercou uma camareira no corredor, mas ela nem lhe deu tempo de falar alguma coisa. Apontando para algumas mulheres que estavam entrando cambaleantes no salão de jantar principal, disse, entre soluços:

– Do Titanic. Ele está no fundo do oceano.

A dez milhas dali, com a chegada da aurora, a vida começava a agitar-se de novo no Californian. Às quatro horas, o oficial-chefe Frederick Stewart subiu ao passadiço e rendeu o segundo oficial Stone.

Stone contou-lhe as notícias – falou do navio estranho, dos foguetes, de como a embarcação tinha desaparecido. Acrescentou que, por volta das 3h40, avistara mais um foguete, dessa vez bem ao sul e claramente não do mesmo navio que disparara os oito primeiros. Morto de cansaço, Stone desceu a escada e recolheu-se – agora a dor de cabeça era de Stewart.

Às quatro e meia, Stewart acordou o capitão Lord e começou a repetir a história de Stone.

– Sim, eu sei – cortou o capitão –, ele me contou.

Lord, em seguida, vestiu algumas roupas e subiu ao passadiço. Começou a discutir a melhor maneira de sair do campo de gelo e prosseguir para Boston. Stewart o interrompeu e perguntou se ele não iria verificar um navio que estava agora à vista diretamente ao sul. Lord respondeu:

– Não, acho que não; ele não está fazendo nenhum sinal.

Stewart desistiu do assunto – não mencionou que Stone, ao descer, dissera que tinha certeza de que o navio ao sul não podia ser o mesmo que disparara os primeiros oito foguetes.

Mas deve ter pensado muito mais sobre aquilo, porque, às 5h40, acordou Evans, o operador de rádio, e lhe disse:

– Um navio esteve disparando foguetes. Será que você pode descobrir se algo está errado?

Evans tateou na meia-luz da manhã, achou os fones de ouvido e sintonizou o rádio.

Dois minutos depois, Stewart disparou escada acima até o passadiço, gritando:

– Há um navio afundado!

Depois, correu de volta para o camarim de rádio... novamente para cima... e então deu ao capitão Lord a terrível notícia:

– O Titanic bateu em um iceberg e afundou!

O capitão Lord fez exatamente o que um bom capitão deve fazer. Acionou imediatamente os motores e dirigiu-se para a última posição do Titanic.

“Vá embora;
acabamos de ver
os nossos maridos
se afogando”

– Olhe, Muddie, o lindo Polo Norte sem Papai Noel – disse o pequeno Douglas Speddon à mãe, a sra. Frederick O. Speddon, enquanto o bote 3 abria caminho através do gelo solto em direção ao Carpathia.

Com efeito, o mundo parecia a imagem de um livro infantil sobre o Ártico. O sol tinha acabado de romper o horizonte, e o gelo cintilava sob seus primeiros longos raios. Os icebergs tinham deslumbrantes tons – em branco, rosa, lilás, azul profundo –, dependendo de como os raios batiam neles e das sombras que formavam. O mar estava agora azul brilhante, e pequenos pedaços de gelo, alguns não maiores do que um punho, boiavam na água agitada. No alto, a leste, o céu estava ouro e azul, prometendo um dia lindo. As sombras da noite se demoravam a oeste – Lawrence Beesley lembrou-se de ter visto o brilho da estrela matutina, muito tempo depois que as outras tinham desaparecido. Perto do horizonte, uma fina e pálida lua crescente apareceu.

– Lua nova! Virem o dinheiro, rapazes! Quer dizer, se tiverem algum! – gritou alegremente o foguista Fred Barrett para a tripulação que estava remando o bote 13.

Brados de alívio irrompiam de todos os botes, enquanto os homens competiam uns com os outros nos remos para alcançar o Carpathia. Alguns começaram a cantar o hino "Pull for the Shore, Boys".* Um grupo dava vivas organizados. Outros, no entanto, ficaram em silêncio, atordoados pelo naufrágio ou arrebatados pelo alívio.

– Está tudo bem, senhoras, não se aflijam. Estamos sendo resgatados. – O vigia Hogg tentou animar as mulheres que olhavam fixa e desoladamente para a frente no 7, mas elas continuaram bem quietas.

No desmontável B, emborcado, tampouco havia vivas. Lightoller, Gracie, Bride, Thayer e os outros estavam muito ocupados tentando manter-se à tona. Agitadas pela brisa da manhã, as ondas agora passavam sobre o casco e o balançavam para todos os lados. Cada vez que o bote rolava com uma onda, um pouco mais de ar escapava, e a quilha afundava ainda mais. Com Lightoller gritando instruções, os homens deslocavam o peso deles para a frente e para trás, mas, depois de uma hora fazendo isso, estavam exaustos.

A visão do Carpathia chegando com o amanhecer – tão emocionante para todos os outros – agora significava pouco para aqueles homens. O navio tinha parado a quatro milhas de distância, e eles se perguntavam como conseguiriam aguentar até que fossem vistos. De repente, quando a luz se espalhou sobre o mar, vislumbraram uma nova esperança. A uns oitocentos metros deles, os botes 4, 10, 12 e D

* Remem com força para a margem, rapazes. [N.T.]

continuavam amarrados em fileira, como o quinto oficial Lowe tinha ordenado.

Os homens do desmontável B gritaram:

– Ó do bote!

Contudo, estavam longe demais para serem ouvidos. Então, Lightoller tirou um apito de oficial do bolso e soprou um forte estrilo. O som não só foi ouvido, como informou à tripulação dos botes que um oficial estava chamando.

No 12, o marinheiro Frederick Clinch procurou rapidamente... e pensou ter visto, à distância, cerca de vinte homens em pé sobre nada menos que uma chaminé de navio. No 4, o carvoeiro Samuel Hemming olhou também; na luz da manhã, pareceu-lhe que alguns homens estavam em pé sobre uma placa de gelo. Pouco importava: os dois botes partiram ao mesmo tempo na direção deles. Remavam lentamente, e, quando conseguiram arrastar-se até onde podiam ser ouvidos, Lightoller exortou-os:

– Venham e tirem-nos daqui!

– Sim, senhor – respondeu alguém.

Finalmente, os dois botes chegaram, e bem a tempo. Àquela altura, o bote B estava equilibrado tão delicadamente que a onda provocada pelo 4 quase varreu todo mundo para fora. Foi necessária toda a habilidade do contramestre Perkis para aproximar-se com segurança. No B, Lightoller pediu aos homens que não se afobassem. Mesmo assim, o bote dava uma virada apavorante cada vez que um deles se agachava para saltar.

Um por um, conseguiram passar. Jack Thayer estava tão preocupado em entrar com segurança no 12 que nem notou sua mãe bem ao lado, no 4. A sra. Thayer estava tão anestesiada pelo frio e pela desgraça que nem viu o filho. Quando chegou a vez do coronel Gracie, ele preferiu rastejar para o 12 a correr o risco de um salto. O padeiro Joughin, ainda na água, não se preocupou nem um pouco. Ele simplesmente soltou a mão de Maynard e bracejou até o 4, onde o puxaram para dentro, ainda perfeitamente protegido do frio pelo uísque.

Lightoller foi o último a deixar o desmontável emborcado. Assim que todos os demais foram transferidos, ele deitou um corpo sem vida no 12, depois saltou e assumiu o comando do bote. Eram mais ou menos seis e meia quando ele finalmente se afastou da quilha vazia e começou a remar em direção ao Carpathia.

Enquanto isso, o quinto oficial Lowe desistia da busca de nadadores entre os destroços. Em uma hora de trabalho pesado, o 14 recolhera apenas quatro homens, e ele sabia que era tarde demais para encontrar outros. Ninguém conseguiria aguentar tanto tempo na água gelada. Agora o dia estava nascendo e o resgate tinha chegado. Lowe decidiu voltar aos barcos que ele deixara amarrados e pastoreá-los até o Carpathia.

– Içar vela a vante! – ordenou ao marinheiro F. O. Evans quando a brisa ficou mais forte.

Em todos os outros botes, a tripulação via o mastro e a vela como estorvo. Em alguns casos, o equipamento fora descartado antes mesmo de eles deixarem o Titanic; em outros, ele foi deixado, e os homens amaldiçoavam aquelas longarinas inúteis quando tropeçavam nelas no escuro. De todo modo, não sabiam velejar.

Lowe era diferente. Como explicou mais tarde, alguns marinheiros eram barqueiros e alguns barqueiros eram marinheiros; ele era os dois. Os anos passados singrando o vento ao longo da Costa do Ouro iam sendo compensados à medida que ele bordejava habilmente para a frente e para trás. A proa cortava as ondas e os borrifos de água cintilavam ao sol da manhã enquanto o bote 14 avançava a quatro nós.

Quando chegou, sua pequena frota tinha se dispersado. O 4 e o 12 estavam recolhendo os homens do B, e o 10 e o D seguiam separadamente para o Carpathia. O D não parecia estar em boa forma – baixo na água e com poucos remos trabalhando. "Bom", pensou Lowe. "Vou descer, apanhá-lo e garantir que chegue."

– Já temos mais ou menos tudo o que queremos! – gritou Hugh Woolner quando o 14 se aproximou.

Lowe atirou-lhes um cabo e rebocou-os.

Em seguida, a mais de uma milha e meia à frente, ele avistou o desmontável A, completamente inundado e impossibilitado de avançar. Seus ocupantes não tinham conseguido levantar-lhe as bordas, e agora elas estavam alinhadas com a água. Das cerca de trinta pessoas que nadaram para o bote, a maioria, entorpecida pelo frio, tinha caído ao mar. Apenas uma dúzia de homens e a passageira da terceira classe Rosa Abbott tinham restado, em pé com água gelada até os joelhos.

Lowe chegou bem a tempo... recolheu todos a bordo do 14... e partiu novamente para o Carpathia, ainda rebocando o desmontável D. O A foi deixado para trás – abandonado e vazio, exceto pelo corpo de três homens (com o colete salva-vidas cobrindo-lhes o rosto), o casaco de pele de R. Norris Williams Jr. e o anel do passageiro da terceira classe Edward P. Lindell, de Helsingborg, Suécia, que ninguém se lembrava de ter visto em toda a noite.

Um por um, os botes foram chegando ao Carpathia. Eram 4h45 quando o 13 atracou e Lawrence Beesley subiu uma escada de corda até a gaiuta do convés C. Sentiu-se repleto de gratidão, alívio e alegria por ter novamente um convés sólido sob os pés. Logo atrás subiu o dr. Washington Dodge, que se lembrara de trazer o colete salva-vidas como lembrança.

A sra. Dodge e Washington Jr., de cinco anos, chegaram às 5h10, no 7. O menino foi içado em um saco de correio e despejado no convés. Um camareiro aproximou-se, apressado, com café, mas o menino Dodge anunciou que preferia chocolate. O camareiro afastou-se e voltou prontamente com chocolate – não é à toa que os transatlânticos britânicos são famosos pelo atendimento.

Depois atracou o 3, às seis horas. O sr. e a sra. Speddon subiram a bordo, vestidos impecavelmente. Logo atrás vieram Henry Sleeper Harper, o dragomano Hamad Hassah e o pequinês Sun Yat-sen. Harper logo descobriu Ogden no convés e o cumprimentou com um desprendimento clássico:

– Louis, como você consegue manter essa aparência tão jovem?

Elizabeth Shutes, chegando no mesmo bote, não tentou a escada. Sentou-se em um estropo de corda e sentiu que era içada com um forte puxão. De algum lugar acima, uma voz avisou:

– Cuidado, companheiros, essa é peso leve.

Bruce Ismay subiu a bordo aos trambolhões por volta das seis e meia, murmurando:

– Sou Ismay... Sou Ismay. – Tremendo, ficou parado perto do portaló, encostado a uma antepara.

O dr. McGhee aproximou-se dele delicadamente.

– O senhor não que ir para o salão tomar uma sopa ou uma bebida?

– Não, eu realmente não quero nada.

– Vá e tome alguma coisa.

– Se o senhor me deixar em paz, vou ficar muito mais feliz aqui – disse Ismay abruptamente, mas depois mudou de ideia: – Se o senhor puder me levar a algum lugar onde eu possa ficar tranquilo, eu gostaria que fizesse isso.

– Por favor – insistiu o médico em voz baixa –, vá para o salão e tome algo quente.

– Prefiro não ir.

O dr. McGhee desistiu. Cuidadosamente, conduziu Ismay até sua cabine. Pelo resto da viagem, Ismay não saiu de lá, nem comeu nada sólido, tampouco recebeu visitas (exceto a de Jack Thayer, uma vez); foi mantido até o final do percurso sob o efeito de opiáceos. Era o início de um exílio autoimposto da vida ativa. Um ano depois, ele se aposentou da White Star Line, comprou uma grande propriedade na costa oeste da Irlanda e ali viveu, recluso, até falecer, em 1937.

Olaus Abelseth subiu ao convés por volta das sete horas. Puseram-lhe um cobertor quente sobre os ombros encharcados e trêmulos e o levaram ao salão de jantar para tomar café e conhaque. Charlotte Collyer e outros do 14 o acompanharam, enquanto o quinto oficial Lowe ficava para trás, pousando o mastro e estivando a vela. Ele gostava de botes bem arrumados.

E assim eles foram chegando, um bote após o outro. Sempre que um deles atracava, os sobreviventes já a bordo ficavam olhando do alto do convés de passeio, em busca de rostos conhecidos. Billy Carter estava ao lado dos Ogdens, procurando freneticamente a esposa e os filhos. Quando o resto da família finalmente chegou, no 4, Carter debruçou-se sobre a amurada.

– Onde está meu filho? Onde está meu filho?

Um menino no bote levantou um grande chapéu de menina e gritou:

– Estou aqui, pai.

Conta a lenda que o próprio John Jacob Astor pusera aquele chapéu na cabeça do menino de dez anos na hora do embarque no bote, dizendo em resposta às objeções: "Agora ele é uma menina e pode ir".

Washington Dodge foi outro que passou por uma espera torturante – graças à veia travessa de Washington Jr., de cinco anos, o dr. Dodge não viu a esposa e o filho subirem a bordo, nem a sra. Dodge viu o marido no convés, mas o pequeno Washington, sim. Ele avistou seu pai e achou que seria muito divertido não dizer nada a ninguém. Não contou à mãe e escondeu-se do pai. Por fim, o garçom de salão de jantar Ray, sempre fiel aos Dodges, acabou com a brincadeira, organizando um reencontro.

A multidão ao longo da amurada foi crescendo à medida que os passageiros do Carpathia iam saindo de suas cabines.

Alguns souberam das notícias de maneira curiosa. O sr. e a sra. Charles Marshall foram despertados por um camareiro, que bateu à porta da sua cabine.

– O que é? – perguntou Marshall.

– Sua sobrinha quer vê-lo, senhor – foi a resposta.

Marshall ficou perplexo. Ele sabia que as suas três sobrinhas estavam fazendo a viagem inaugural do Titanic. Até lhe tinham mandado um radiograma na noite passada. Como é que uma delas podia estar a bordo do Carpathia? O camareiro explicou. Minutos mais tarde, os Marshalls faziam uma reunião de família com a sra. E. D. Appleton (as outras sobrinhas chegariam depois), e Evelyn, a filha deles, corria ao convés para ver a paisagem.

Era uma visão estranha. A interminável planície de gelo compacto para o norte e para o oeste, com os grandes icebergs e os blocos menores flutuando como batedores a sua frente, davam ao mar uma curiosa aparência movimentada. Os botes que chegavam remando de todas as direções pareciam incrivelmente fora de lugar ali no meio do Atlântico.

E as pessoas que saíam deles não poderiam se mostrar mais peculiares – a srta. Sue Eva Rule notou uma mulher vestindo apenas uma toalha turca em volta da cintura e uma magnífica capa de noite de pele sobre os ombros. Os trajes eram uma mixórdia de vestidos de noite rendados, quimonos, casacos de pele, xales de lã simples, pijamas, galochas, chinelos de cetim branco... Mas ainda era uma época de muita formalidade – um número surpreendente de mulheres estava de chapéu, e os homens, de boné de *tweed*.

O mais estranho de tudo era o silêncio. Mal se pronunciava uma palavra. Todo mundo percebeu; cada um tinha uma explicação. O reverendo P. M. A. Hoques, passageiro do Carpathia, achava que as pessoas estavam horrorizadas demais para falar. O capitão Rostron acreditava que todos estavam simplesmente muito ocupados. Lawrence Beesley sentia que não estavam nem horrorizados, nem ocupados – estavam simplesmente na presença de algo grande demais para entender.

De vez em quando, havia uma pequena comoção. A srta. Peterson notou uma garotinha chamada Emily sentada no convés de passeio, soluçando:

– Ah, mamãe, mamãe, estou doente! Ah, mamãe, mamãe!

Enquanto o 3 estava descarregando passageiros, uma mulher vestida só de camisola e quimono sentou-se de repente no fundo do bote. Apontando para outra mulher que estava sendo içada em uma cadeira de contramestre, gritou:

– Olhem aquela mulher horrorosa! Horrorosa! Ela pisou em minha barriga. Criatura horrorosa!

E, no salão de jantar da terceira classe, uma italiana desmoronou completamente – chorando, berrando, batendo os punhos na mesa. Não parava de gritar:

– *Bambino!*

Um camareiro italiano obteve a informação de que seus dois bebês estavam desaparecidos. Logo um foi localizado, mas ela indicou dois com os dedos e a histeria começou outra vez. Finalmente, o outro também foi encontrado – na prensa quente da despensa, aonde tinha sido levado para se aquecer.

Às 8h15, todos os botes tinham chegado, exceto o 12. Ele quase não se movia, ainda a várias centenas de metros de distância. A brisa ficou mais forte, e o mar, mais encrespado. As bordas do bote cheias de gente estavam quase na mesma altura que as águas – mais ou menos 75 pessoas estavam aglomeradas ali. A multidão que assistia ao resgate da amurada do Carpathia mal respirava vendo Lightoller conduzir o bote.

Dentro do 12, as pessoas se amontoavam, tentando manter-se secas, rezando para conseguir chegar ao navio. Em momentos como esse, pequenas coisas triviais são percebidas. Enquanto tentava em vão reanimar um corpo sem vida ao seu lado, o coronel Gracie perguntava-se por que a pessoa usava meias longas de lã cinza.

Eram 8h20, e o bote estava a apenas duzentos metros da meta. Rostron, tentando ajudar, virou a proa do Carpathia, diminuindo a distância para cem metros. Enquanto Lightoller lutava para passar a proa e ficar a sota-vento do navio, uma súbita lufada agitou o mar. Primeiro uma onda e depois outra atingiram o barco. Uma terceira passou raspando. Em um instante, ele tinha chegado, em segurança, ao abrigo do grande navio.

Às 8h30, o bote 12, o último a chegar, atracou e começou a descarregar. O coronel Gracie teve vontade de cair de joelhos e beijar o convés quando passou pelo portaló. Harold Bride sentiu um par de mãos fortes estendendo-se para agarrá-lo e depois desmaiou. Jack Thayer viu a mãe esperando e correu para os braços dela. A sra. Thayer gaguejou:

– Onde está o papai?

– Não sei, mãe – respondeu ele com calma.

Enquanto isso, Rostron perguntava-se para onde deveria levar seus 705 hóspedes inesperados. Halifax estava mais perto, mas havia gelo no caminho, e ele achou que os passageiros do Titanic já tinham visto o bastante. Os Açores eram a melhor opção para o cronograma do Carpathia, porém não havia roupas e provisões suficientes para chegar tão longe. Nova York era melhor para os sobreviventes, só que mais caro para a Cunard Line. Desceu para a cabine do dr. McGhee, que examinava Bruce Ismay. O homem estava destroçado – o que o capitão quisesse estava bem para ele. Rostron, então, decidiu-se por Nova York.

Nesse momento, o Olympic comunicou-se: por que não transferir os sobreviventes do Titanic para ele? Rostron achou a ideia terrível – não conseguia nem pensar em sujeitar aquelas pessoas a outro transbordo em alto-mar. Além disso, o Olympic era irmão do Titanic, e a simples visão dele seria como deparar com um fantasma pavoroso. Para garantir-se, voltou à cabine do dr. McGhee e consultou Ismay outra vez. O diretor-executivo da White Star estremeceu com tal ideia.

Assim, seria Nova York, e quanto antes melhor. Àquela altura, o Californian estava a postos, e o capitão Lord olhava com preocupação para a bandeira do Carpathia içada a meio pau. Rostron providenciou que o outro navio vasculhasse a cena do desastre enquanto ele seguia para Nova York. Depois, içou a bordo todos os botes salva-vidas do Titanic que pôde carregar – seis no convés a vante, sete nos turcos do Carpathia. Os restantes foram deixados à deriva.

Antes de voltar, Rostron não conseguiu resistir a dar uma última olhada em volta. Era um homem consciencioso – não queria deixar passar nenhuma chance. O Californian que fizesse a busca de rotina, mas, se houvesse alguma esperança real de resgatar mais alguém, Rostron queria que fosse o Carpathia a fazê-lo.

Iniciado o caminho de volta, ocorreu-lhe que um breve serviço religioso poderia ser apropriado. Desceu e perguntou a Ismay se ele tinha objeções. A resposta foi a mesma – o que Rostron quisesse estava bem para ele.

Portanto, Rostron mandou chamar o reverendo Anderson, um clérigo episcopal que estava a bordo, e as pessoas do Titanic e do Carpathia se reuniram no salão principal. Lá, deram graças por terem sobrevivido e prestaram homenagem aos desaparecidos.

Enquanto as orações eram feitas, o Carpathia passava lentamente sobre a tumba do Titanic. Havia poucos vestígios do grande navio – manchas amarelo-avermelhadas de cortiça... algumas espreguiçadeiras... várias pilastras brancas... almofadas... tapetes... coletes salva-vidas... botes abandonados... um único corpo.

Às 8h50, Rostron convenceu-se. Não era possível haver algum ser humano ainda vivo. Sinalizou "toda força à frente" e guinou o navio para Nova York.

A cidade já estava em plena agitação. Quando as primeiras notícias chegaram à 1h20, ninguém soube o que pensar. O telegrama da AP [Associated Press] fora com certeza enigmático – apenas uma mensagem de Cape Race dizendo que às 10h25, no horário local, o Titanic tinha enviado um CQD informando ter batido em um iceberg e pedindo socorro imediato. Em seguida, outra mensagem anunciava que o navio tinha a proa submersa e que estava despachando as mulheres em botes. Depois, silêncio.

A notícia chegou a tempo de entrar nas primeiras edições matutinas, mas muito em cima da hora. Não seria possível verificar a história; só havia tempo para decidir o que fazer com ela. A notícia parecia fantástica, porém ali estava. Os editores procederam com cautela; a manchete do *Herald* foi típica:

NOVO TITANIC BATE EM ICEBERG E

PEDE SOCORRO

NAVIOS SEGUEM PARA O LOCAL

Só o *Times* se arriscou. O longo silêncio após as primeiras poucas mensagens convenceram o editor-chefe Carr Van Anda de que o navio tinha ido a pique. Portanto, ousou uma progressão: as primeiras edições noticiavam o Titanic naufragando e as mulheres saindo nos botes salva-vidas; a última edição informava que ele tinha afundado.

Às oito horas, os repórteres tomaram de assalto os escritórios da White Star Line no número 9 da Broadway. Philip A. S. Franklin, vice-presidente da empresa, não deu importância aos rumores: mesmo que o Titanic tivesse batido em um iceberg, poderia flutuar indefinidamente.

– Temos confiança absoluta no Titanic. Achamos que o navio é inafundável.

Mas, ao mesmo tempo, estava telegrafando freneticamente ao capitão Smith: "Espero ansiosamente informações e provável disposição de passageiros".

No meio da manhã, amigos e parentes de passageiros do Titanic começaram a chegar em grande número: a sra. Benjamin Guggenheim e o irmão, De Witt Seligman; o pai da sra. Astor, W. H. Force; J. P. Morgan Jr.; centenas de pessoas que ninguém reconhecia. Ricos e pobres, todos receberam o mesmo sorriso reconfortante – não havia com que se preocupar... o Titanic era inafundável; bom, de todo modo, poderia flutuar dois ou três dias... certamente havia botes suficientes para todos.

E a imprensa colaborou. O *Evening Sun* publicou a manchete:

TODOS SALVOS NO TITANIC APÓS COLISÃO

A matéria relatava que todos os passageiros tinham sido transferidos para o Parisian e o Carpathia, e o Titanic, rebocado pelo Virginian para Halifax.

Até as empresas pareciam confiantes. Com as primeiras notícias, a taxa de resseguros da carga do Titanic subiu para 50% e depois para 60%. Mas, à medida que foi crescendo o otimismo, as taxas de Londres voltaram a 50%, depois caíram para 45%... 30%... e, finalmente, 25%.

Enquanto isso, as ações da Marconi dispararam. Em dois dias, subiram 55 pontos, para 225. Nada mau para uma ação que, um ano antes, mal chegava a dois dólares. E o IMM [International Mercantile Marine] – o grande grupo que controlava a White Star Line – estava se recuperando, depois de um início instável na parte da manhã.

Contudo, os boatos estavam começando a circular. Nenhuma notícia oficial, mas operadores de rádio sintonizados no tráfego do Atlântico captaram mensagens inquietantes que não eram destinadas a eles, mas que retransmitiram mesmo assim. À tarde, um oficial da Cunard ouviu de um amigo no centro da cidade que o Titanic estava definitivamente desaparecido. Um empresário de Nova York telegrafou a um amigo em Montreal a mesma coisa. Franklin ouviu também, mas a fonte parecia pouco confiável, e ele decidiu não dizer nada.

Às 6h15, o mundo veio abaixo. Finalmente chegaram notícias do Olympic: o Titanic tinha ido a pique às 2h20; o Carpathia recolhera todos os botes e estava retornando a Nova York com os 675 sobreviventes. A mensagem tinha demorado várias horas em trânsito. Ninguém sabe a razão disso, mas nunca houve prova alguma para apoiar a suspeita do *World* de que o atraso tinha sido obra dos investidores e transportadores de Wall Street fazendo o resseguro de suas cargas.

Franklin ainda estava reunindo coragem para dar a notícia quando o relógio do escritório da White Star bateu as sete horas. Um repórter alerta farejou o infortúnio no ar, arriscou-se e invadiu o escritório do vice-presidente. Outros foram atrás deles.

– Cavalheiros – gaguejou Franklin –, lamento dizer que o Titanic afundou às 2h20 desta manhã.

No início, isso era tudo o que ele estava disposto a dizer, mas pouco a pouco os repórteres foram arrancando informações. Às oito horas, a mensagem do Olympic "deixou de dizer que toda a tripulação tinha sido salva". Às 8h15: "Provavelmente, houve algumas perdas". Às 8h45: "Tememos muito que tenha havido muitas perdas". Às nove, não conseguiu mais manter as aparências: tinha havido um "terrível número de perdas"... eles poderiam substituir o navio, mas "nunca as vidas humanas".

Às dez e meia, Vincent Astor chegou e desapareceu no escritório de Franklin. Pouco tempo depois, saiu chorando. Seguindo um palpite, um repórter ligou para o pai da sra. John Jacob Astor, W. H. Force.

– Oh, meu Deus – gritou o idoso senhor –, não me diga isso! Onde obteve essa informação? Não é verdade! Não pode ser verdade!

Ninguém conseguiu contatar a filha dos Straus, a sra. Alfred Hess. No início da tarde, ela tinha tomado o trem especial fretado pela White Star Line para receber o Titanic, supostamente avariado, em Halifax. Às oito horas, o trem atravessava pesadamente os campos do Maine, e a sra. Hess estava no vagão-restaurante conversando com repórteres. Era a única mulher a bordo, e aquilo era bastante divertido.

Estava começando a comer um *grapefruit* quando o trem reduziu a marcha, parou e depois começou a se mover para trás. Só parou novamente em Boston. Lá, ela ficou sabendo que os planos tinham mudado; o pessoal do Titanic estava indo direto para Nova York. Ela tomou o trem noturno de volta e, na manhã seguinte, foi recebida na plataforma pelo irmão:

– As coisas estão muito ruins.

Àquela altura, já tinha sido divulgada a primeira lista de sobreviventes, e uma multidão invadiu mais uma vez o escritório da White Star. A sra. Frank Farquharson e a sra. W. H. Marvin foram juntas para saber dos filhos, que estavam voltando da lua de mel. A sra. Farquharson, mãe da noiva, quase deixou escapar um gritinho feliz quando viu o nome "Sra. Daniel Marvin", mas conseguiu abafá-lo ao não ver nenhum "Sr." ao lado dele.

A sra. Ben Guggenheim agarrava-se à esperança de que algum bote salva-vidas estivesse desaparecido.

– Ele pode estar vagando à deriva por lá! – soluçava.

E bem poderia, pelo que se sabia então. Ninguém conseguia obter nenhuma informação do Carpathia – Rostron estava poupando o rádio para tráfego oficial e mensagens particulares dos sobreviventes –, de modo que os jornais inventavam histórias. O *Evening World* falou de um nevoeiro, do bramido da sirene do Titanic, de um choque parecido a um terremoto. O *Herald* descreveu como o navio foi rasgado em pedaços, mergulhando na escuridão e quase emborcando no momento do impacto.

Quando a imaginação ficou escassa, os jornais descontaram no navio de resgate silencioso. O *Evening Mail* trovejou:

OBSERVADORES IRRITADOS COM
SILÊNCIO DO CARPATHIA

O *World* ressaltou:

CARPATHIA NÃO DEIXA SEGREDOS DA
PERDA DO TITANIC VAZAREM PELO RÁDIO

E, assim, a terça-feira deu lugar à quarta-feira... a quarta-feira, à quinta-feira... e ainda não havia nenhuma notícia. Tinha chegado a hora dos semanários. A *Harper's Weekly* descreveu as pessoas proeminentes a bordo, com destaque para

Henry Sleeper Harper, membro da família proprietária da revista. Falou de um nevoeiro e um choque terrível; e em seguida comentou, meio sem jeito: "Sobre o que aconteceu, tudo ainda é suposição". Mas a *Harper's* assegurou aos leitores que a regra era mulheres e crianças primeiro, "a ordem que há muito vigora entre todos os homens decentes que usam o mar". Na edição seguinte, a revista transformou um possível constrangimento em um furo jornalístico quando Henry Sleeper Harper apareceu com seu pequinês e seu dragomano egípcio pessoal. A *Harper's* anunciou festivamente uma entrevista exclusiva.

Na noite da quinta-feira, a espera terminou. Quando o Carpathia passou pela Estátua da Liberdade, do parque Battery 10 mil pessoas assistiam à travessia. Quando ele se aproximou do píer 54, outras 30 mil esperavam sob a chuva. Até o final, o capitão Rostron não quis saber de jornalistas. Não os deixou subir no navio na estação de quarentena da ilha Hoffman, e, enquanto o Carpathia subia o North River, rebocadores arfavam ao lado dele, cheios de repórteres gritando perguntas por megafone.

Às 8h37, o Carpathia chegou ao cais e começou a descarregar os botes salva-vidas do Titanic para poder atracar. Os barcos foram levados a remo até o cais da White Star, onde os caçadores de suvenir os depenaram durante a noite. (Os homens do turno do dia seguinte foram postos para trabalhar em cada bote, a fim de remover o nome Titanic com lixa.)

Às 9h35, o Carpathia terminou de atracar, a prancha de portaló foi abaixada e os primeiros sobreviventes começaram a desembarcar. Mais tarde, uma bolsa de lona marrom, com as laterais abauladas, foi retirada e armazenada na alfândega com a letra G. Funcionários aduaneiros disseram que era a única bagagem salva do Titanic. O proprietário, Samuel Goldenberg, negou ter sido tão previdente. Alegou tê-la comprado a bordo do Carpathia e que continha apenas as roupas que ele usava ao sair do Titanic e alguns acessórios adquiridos a bordo do navio de resgate – pijamas, casaco, calças, roupão de banho, capa de chuva, chinelos, dois tapetes, camisa, colarinhos, produtos de toalete e sapatos para a esposa e para ele.

A chegada do Carpathia esclareceu quem tinha sobrevivido, mas não desvendou o que havia acontecido. Os sobreviventes acrescentaram os próprios mitos e fábulas à ficção promovida em terra. Para alguns, a dolorosa viagem de volta fora muito difícil. Outros simplesmente foram levados pela emoção. Os mais expansivos conseguiram tornar uma boa história ainda melhor. Os mais lacônicos tiveram suas experiências melhoradas pelos repórteres. Alguns estavam chocados demais; outros, envergonhados demais.

As entrevistas dos jornais relataram que o passageiro da segunda classe Emilio Portaluppi ficou horas montado em um bloco de gelo... Marie Young avistou o iceberg uma hora antes da colisão... o marinheiro Jack Williams e William French viram seis homens serem abatidos a tiros como cães... o banqueiro da Filadélfia Robert W. Daniel assumiu o rádio do Carpathia durante a viagem de volta. Todas as provas iam contra essas histórias, mas o público estava muito excitado para se preocupar com isso.

O céu era o limite. Em 19 de abril, o passageiro da primeira classe George Brayton apareceu no *New York Sun* dizendo:

> A lua estava brilhando e vários passageiros passeavam pelo convés para aproveitar o ar fresco. O capitão Smith estava no passadiço quando o primeiro grito do vigia alertou que havia um iceberg à frente. Devia ter uns cem metros de altura quando o vi. Estava provavelmente a uns duzentos metros de distância e bem diante de nós. O capitão Smith gritou algumas ordens... alguns correram para a proa do navio. Quando vimos que não conseguiríamos evitar a colisão, corremos para a popa. Depois houve um choque, e os passageiros foram tomados pelo pânico... O acidente aconteceu por volta das dez e meia... Lá pela meia-noite, acho, veio a primeira explosão de caldeira. Então, pela primeira vez, acho, o capitão Smith ficou preocupado...

O marinheiro Jonas Briggs, do Carpathia, contou em uma entrevista a história de Rigel, um belo cão labrador negro, que saltou do convés do Titanic e escoltou um bote salva-vidas até o Carpathia, com latidos de alegria que avisavam ao capitão Rostron que ele estava chegando.

Pensamentos pessoais ocupavam grande espaço na mente de alguns. O vigia Reginald Lee – parecia-lhe ter passado um século desde aquele momento terrível em que seu companheiro Fleet avistou o iceberg – falou de uma névoa no horizonte e lembrou-se de Fleet dizendo: "Bem, se pudermos ver através dessa névoa, teremos sorte". Fleet nunca se recordou dessa conversa.

Em uma entrevista, um dos homens da primeira classe deu essa cuidadosa explicação sobre sua presença no bote 7, o primeiro a sair:

> Em um ponto todas as mulheres estavam firmes. Só aceitavam entrar em um bote salva-vidas depois que todos os homens estivessem nele primeiro. Temiam enfrentar o mar sozinhas. É preciso ter coragem para entrar naquela embarcação frágil, balançando presa aos turcos, que ficavam rangendo. Poucos homens estavam dispostos a arriscar-se. Um oficial correu atrás de mim e gritou: "O senhor é grande o bastante para remar. Entre neste bote ou nunca vamos tirar as mulheres daqui", e fui forçado a fazê-lo, embora admita que o navio parecia muito mais seguro para mim do que qualquer barquinho.

Aos poucos, a história completa foi surgindo, mas muitos dos sedutores relatos daqueles primeiros dias perduraram: a senhora que se recusou a deixar seu cão dinamarquês... a banda tocando "Nearer My God to Thee" [Mais perto, meu Deus, de Ti]... o capitão Smith e o primeiro oficial Murdoch cometendo suicídio... a sra. Brown no bote 6 com um revólver...

No entanto, as lendas fazem parte dos grandes acontecimentos e, se ajudam a manter viva a memória do autossacrifício valoroso, cumprem seu propósito. Naquele momento, porém, não havia necessidade de lendas para enfatizar a história. As pessoas estavam arrasadas com a tragédia. Por toda parte havia bandeiras a meio pau. As lojas Macy's e os teatros Harris fecharam as portas. A Compagnie Générale Transatlantique cancelou uma recepção em seu novo navio, o France. Em Southampton, onde viviam muitos dos tripulantes, a tristeza foi avassaladora – vinte famílias enlutadas em uma única rua. Montreal cancelou uma parada militar. O rei George e o presidente Taft trocaram condolências, e o *kaiser* uniu-se a eles. A J. S. Bache & Co. cancelou seu jantar anual. J. P. Morgan adiou a inauguração de um novo sanatório que estava construindo em Aix-les-Bains.

Até o *Social Register** foi abalado. Naqueles dias, o navio em que as pessoas viajavam era um critério importante para avaliar a posição delas, e o *Register* as acompanhava diligentemente. A tragédia representava um problema inesperado. Dizer que as famílias listadas tinham atravessado o Atlântico no Titanic dava-lhes a devida estatura social, mas isso não era verdade. Dizer que tinham chegado no vagaroso Carpathia era verdade, porém socialmente enganoso. Como lidar com esse dilema? No caso dos desaparecidos, o *Register* esquivou-se do problema: ao lado do nome deles, simplesmente anotou as palavras "Morto no mar, 15 de abril de 1912". No caso dos vivos, o *Register* usou uma fórmula cautelosa: "Chegou no Titan-Carpath, 18 de abril de 1912". O hífen representava o maior desastre marítimo da história.

O que incomodava particularmente as pessoas não era apenas a tragédia – nem mesmo o quanto havia sido desnecessária –, mas o elemento de destino que havia em tudo aquilo. Se o Titanic tivesse dado ouvidos a algum dos seis alertas de gelo no domingo... se as condições do gelo tivessem sido normais... se a noite tivesse sido agitada ou enluarada... se tivessem visto o iceberg quinze segundos antes ou quinze

* No *Social Register* (registro social), que começou a ser publicado em 1886, eram apresentadas anualmente as atividades das mais proeminentes famílias e personalidades dos Estados Unidos. [N.E.]

segundos depois... se tivessem batido no gelo de outro modo... se as anteparas estanques fossem um convés mais altas... se tivesse havido botes suficientes... se pelo menos o Californian tivesse chegado a tempo. Tivesse qualquer um desses "se" funcionado, todas as vidas poderiam ter sido salvas. Mas todos eles agiram contra o navio – uma tragédia grega clássica.

Esses pensamentos ainda não tinham ocorrido quando o Carpathia guinou na direção de Nova York sob o sol brilhante da manhã de 15 de abril. Naquele momento, os sobreviventes estavam estendidos em espreguiçadeiras, exaustos, ou bebericavam café no salão de jantar, ou perguntavam-se distraidamente o que vestir.

Os passageiros do Carpathia contribuíram com galhardia – desenterrando escovas de dente extras, emprestando roupas, costurando aventais para as crianças com mantas trazidas nos botes salva-vidas. Um comprador de vinhos da Macy's que estava indo para Portugal tornou-se uma espécie de anjo da guarda dos três compradores da Gimbels resgatados. A sra. Louis Ogden levou café para duas mulheres vestidas com casacos e cachecóis de cores alegres que estavam sentadas sozinhas em um canto.

– Vá embora – disseram elas – Acabamos de ver os nossos maridos se afogando.

Para alguns sobreviventes, a vida recomeçou logo após o resgate – Lawrence Beesley rabiscou apressadamente um radiograma dizendo que estava em segurança. Para outros, demorou mais. O coronel Gracie estava sob uma pilha de cobertores em um sofá no salão de jantar enquanto suas roupas secavam no forno de pão. Bruce Ismay, cheio de opiáceos, tremia na cabine do médico. Harold Bride voltou a si e viu-se no camarote de alguém; uma mulher estava curvada sobre ele, arrumando-lhe os cabelos e esfregando-lhe o rosto.

Jack Thayer estava em outra cabine ali perto. Um homem generoso tinha lhe emprestado um pijama e um beliche. Thayer, agora, podia ir para a cama, exatamente como começara a fazer dez horas antes. Enfiou-se entre os lençóis frescos e ocorreu-lhe que o copo de conhaque que acabara de engolir tinha sido a sua primeira bebida forte. Parecia que ele estava mesmo virando adulto.

Muito mais abaixo, as máquinas do Carpathia zumbiam com um ritmo rápido e tranquilizador. Bem acima, o vento assobiava no cordame. À frente ficavam Nova York e a sua casa, na Filadélfia. Atrás, o sol iluminava as brilhantes listras vermelhas e brancas do poste da barbearia do Titanic, subindo e descendo no mar vazio. Mas Jack Thayer já não via mais nada, nem se importava com coisa alguma. O conhaque tinha feito seu trabalho. Ele estava dormindo profundamente.

Fatos sobre o Titanic

"Nunca haverá outro como ele", afirma o padeiro Charles Burgess, que deve saber do que fala. Em 43 anos nas rotas do Atlântico, Burgess viu todos eles: o Olympic... o Majestic... o Mauretania... e assim por diante. Hoje, como trinchador na cozinha do Queen Elizabeth, ele é provavelmente o último tripulante do Titanic ainda em serviço ativo.

"Como o Olympic, sim, mas muito mais elaborado", reflete. "Veja o salão de jantar. O Olympic nem tinha um tapete, mas o Titanic... ah, a gente afundava nele até os joelhos. Depois, a mobília: tão pesada que mal dava para levantá-la. E aqueles lambris... Podem fazê-los maiores e mais rápidos, mas a questão era o cuidado e o esforço que foram postos nele. Era um navio lindo, maravilhoso."

As reflexões de Burgess são típicas. O Titanic enfeitiçou todos os que o construíram ou navegaram nele. Tanto que, quanto mais os anos passam, mais fabuloso ele se torna. Muitos sobreviventes insistem que ele era "duas vezes maior que o Olympic" – na verdade, eram navios-irmãos, e o Titanic tinha apenas 1.004 toneladas a mais. Outros se recordam de campos de golfe, quadras oficiais de tênis, um rebanho de vacas leiteiras e outros pequenos toques que excedem até o pendor para o luxo da White Star Line.

O Titanic já era suficientemente impressionante sem rebuscamentos. O peso: 46.328 toneladas brutas, 66 mil toneladas de deslocamento; as dimensões: 269 metros de comprimento, 28 metros de largura, 18,5 metros da linha de flutuação ao convés principal ou 53,3 metros da quilha ao topo das quatro enormes chaminés – em resumo, onze andares de altura e quatro quadras de comprimento. Com três hélices, o Titanic tinha dois conjuntos de motores de combustão interna de quatro cilindros, um para cada hélice lateral, e uma turbina para o hélice central. Essa combinação dava-lhe 50 mil cavalos de potência nominal, mas ele podia desenvolver facilmente pelo menos 55 mil. A toda velocidade, chegava a 24 ou 25 nós.

Talvez sua característica mais impressionante fosse a construção estanque. Tinha fundo duplo e estava dividido em dezesseis compartimentos estanques. Estes eram formados por quinze anteparas estanques que atravessavam todo o navio. Curiosamente, essas anteparas não chegavam até muito alto. As duas primeiras e as últimas cinco só iam até o convés D, e as oito do meio, até o convés E. Mesmo assim, ele poderia flutuar com quaisquer desses dois compartimentos inundados; e, como ninguém conseguia imaginar nada pior do que uma colisão na junção de dois compartimentos, o navio foi rotulado como "inafundável".

O "inafundável" Titanic foi lançado no estaleiro de Belfast da Harland & Wolff em 31 de maio de 1911. Os dez meses seguintes foram gastos no acabamento. Encerrou os testes em 1º de abril de 1912 e chegou a Southampton em 3 de abril. Uma semana depois, zarpou para Nova York. Aqui está um registro reconstruído dos principais eventos de sua viagem inaugural:

10 DE ABRIL DE 1912

12h00 Zarpa do cais de Southampton; escapa por pouco de uma colisão com o transatlântico norte-americano New York.

19h00 Para em Cherbourg para pegar passageiros.

21h00 Zarpa de Cherbourg para Queenstown.

11 DE ABRIL DE 1912

12h30 Para em Queenstown para pegar passageiros e correio. Um tripulante deserta.

14h00 Zarpa de Queenstown para Nova York, com 1.316 passageiros e 891 tripulantes.

14 DE ABRIL DE 1912

9h00 Caronia relata gelo a 42° de latitude norte, 49°-51° de longitude oeste.

13h42 Báltico relata gelo a 40° 51' de latitude norte, 49° 52' de longitude oeste.

13h45 Amerika relata gelo a 41° 27' de latitude norte, 50° 8' de longitude oeste.

19h00 Temperatura de 6° C.

19h30 Temperatura de 4° C.

Californian relata gelo a 42° 3' de latitude norte, 49° 9' de longitude oeste.

21h00 Temperatura de 0,5° C.

21h30 O oficial Lightoller pede ao carpinteiro e à praça de máquinas que prestem atenção ao suprimento de água doce (pode congelar); avisa ao cesto da gávea que fique alerta à presença de gelo.

21h40 Mesaba relata gelo a 42°-41° 25' de latitude norte, 49°-50° 30' de longitude oeste.

22h00 Temperatura de 0° C.

22h30 Temperatura do mar cai para -0,5° C.

23h00 Californian alerta sobre gelo, mas é interrompido antes de poder dar a localização.

23h40 Colide com iceberg a 41° 46' de latitude norte, 50° 14' de longitude oeste.

15 DE ABRIL DE 1912

00h05 Ordens para descobrir os botes e reunir a tripulação e os passageiros.

00h15 Primeiro chamado de socorro por rádio.

00h45 Primeiro foguete disparado.
Primeiro bote, o 7, arriado.

01h40 Último foguete disparado.

02h05 Último barco, o desmontável D, arriado.

02h10 Últimos sinais de rádio enviados.

02h18 Luzes falham.

02h20 Navio afunda.

03h30 Foguetes do Carpathia avistados pelos botes.

04h10 Primeiro bote, o 2, recolhido pelo Carpathia.

08h30 Último bote, o 12, recolhido.

08h50 Carpathia dirige-se a Nova York com 705 sobreviventes.

Esses são os fatos básicos. Além disso, grande parte é um mistério. Provavelmente, nada nunca vai igualar o Titanic no número de perguntas sem resposta que deixou para trás. Por exemplo:

Quantas vidas foram perdidas? Algumas fontes dizem 1.635; o inquérito norte-americano, 1.517; o British Board of Trade, 1.503; o inquérito britânico, 1.490. Os números do British Board of Trade parecem mais convincentes, excluindo o foguista J. Coffy, que desertou em Queenstown.

Como as pessoas deixaram o navio? A maioria das mulheres sobreviventes a quem essa pergunta foi feita respondeu com firmeza: "No último bote". É óbvio que todas elas não foram no mesmo bote, mas questionar isso é como questionar a idade de uma senhora – simplesmente não se faz. Uma triagem cuidadosa dos testemunhos nas audiências britânica e norte-americana mostra muito claramente como o navio foi abandonado, mas também nesse caso há evidências conflitantes. No inquérito britânico, perguntou-se a cada testemunha quantas pessoas desceram ao mar em seu bote salva-vidas. Depois, foram acrescentadas as estimativas mínimas. Os resultados mostram uma boa dose de fantasia:

	Embarcados nos botes de acordo com as estimativas mínimas de sobreviventes	Embarcados nos botes de acordo com os dados reais sobre os que foram salvos
Tripulantes	107	139
Passageiros homens	43	119
Mulheres e crianças	704	393
TOTAL	854	651

Em resumo, cerca de 70% *mais* homens e 45% *menos* mulheres embarcaram nos botes do que o estimado até pelos passageiros mais conservadores. Some-se a isso o fato de os botes terem saído com 25% menos gente do que o estimado.

A que horas ocorreram alguns incidentes? Todos concordam que o Titanic bateu no iceberg às 23h40 e afundou às 2h20, mas há divergências sobre quase tudo o que aconteceu nesse intervalo. As horas dos eventos apresentadas neste livro são estimativas honestas de pessoas estreitamente envolvidas neles, porém estão longe de ser infalíveis. Simplesmente, havia muita pressão. A sra. Louis M. Ogden, passageira do Carpathia, é um bom exemplo. Em dado momento, enquanto ajudava alguns sobreviventes a se acomodar, ela fez uma pausa longa o bastante para perguntar as horas ao marido. O relógio de Ogden tinha parado, mas ele calculou que fossem quatro e meia da tarde; na verdade, eram apenas nove e meia da manhã. Os dois estavam tão absortos que tinham perdido a noção de tempo.

O que disseram as pessoas? Não há nenhuma conversa reconstruída neste livro. As falas foram reproduzidas de acordo com a lembrança das pessoas entrevistadas. Contudo, há margem para erro. As mesmas conversas são muitas vezes relatadas com pequenas variações. Por exemplo, há pelo menos quatro versões do diálogo entre o capitão Rostron e o quarto oficial Boxhall quando o bote se aproximou do Carpathia. A essência é sempre a mesma, mas as palavras variam ligeiramente.

O que a banda tocou? A lenda, claro, é que a banda foi a pique tocando "Nearer My God to Thee". Muitos sobreviventes ainda insistem que assim foi, e não há nenhuma razão para duvidar da sinceridade deles. Outros afirmam que a banda só tocou *ragtime*. Um homem diz que se lembra claramente dos últimos momentos da banda e que não estava tocando coisa alguma. Nesse labirinto de evidências conflitantes, a história do operador júnior de rádio Harold Bride se destaca. Observador treinado, meticulosamente preciso, ele esteve a bordo até o último momento. Recordou-se claramente de que, quando o convés principal mergulhou, a banda estava tocando o hino episcopal "Outono".

Um homem escapou vestido de mulher? Durante a coleta de material para este livro, quatro passageiros da primeira classe foram citados especificamente como o famoso homem que escapou em roupas de mulher. Não há prova alguma de que qualquer um deles tenha sido o culpado, e existem indícios consideráveis em contrário. Por exemplo, a investigação sugere que um desses homens foi alvo de um repórter vingativo, que fora empurrado por ele ao tentar entrevistá-lo. Outro, proeminente na política local, foi vítima de calúnias da oposição. Outro foi objeto de fofocas da sociedade; ele de fato saiu do Titanic antes da esposa. Em busca de algo maior, ninguém se preocupou com o passageiro da terceira classe Daniel Buckley, que reconheceu livremente que cobriu a cabeça com um xale de mulher. Era apenas um rapaz irlandês pobre e assustado, e ninguém estava interessado nele.

As respostas a todos esses enigmas do Titanic nunca serão conhecidas com certeza. O melhor que se pode fazer é pesar as evidências cuidadosamente e dar um parecer honesto. Mesmo assim, alguns discordarão, e podem estar certos. Na verdade, seria leviandade autoproclamar-se árbitro supremo de tudo o que aconteceu na incrível noite em que o Titanic foi a pique.

Agradecimentos

Na verdade, este livro trata da última noite de uma pequena cidade. O Titanic era grande o bastante e transportava número suficiente de pessoas para ser visto assim. Contar tudo o que aconteceu é impossível; até para montar uma parte da imagem foi necessária a ajuda de centenas de pessoas.

Muitas delas estavam lá. Cerca de 63 sobreviventes foram localizados, e a maioria está bem. São uma mistura estimulante de ricos e pobres, passageiros e tripulantes. Todos, porém, parecem ter duas qualidades em comum. Antes de mais nada, eles têm uma aparência esplêndida. É quase como se, depois de passar por aquela suprema provação, tivessem superado tudo facilmente, envelhecendo, agora, com uma graça calma, tranquila. Em segundo lugar, são maravilhosamente prestativos. Tem-se a impressão de que, tendo testemunhado extremos de generosidade humana, eles mesmos desprezam todo traço de egoísmo.

Nada parece ser difícil demais para eles. Muitos sobreviventes contribuíram além do âmbito do livro, apenas para me ajudar a captar melhor o sentimento de como foi tudo aquilo.

Por exemplo, a sra. Noel MacFie (na época, a condessa de Rothes) diz que, jantando fora com amigos, um ano após o desastre, teve de repente a terrível sensação de frio e intenso horror que sempre associava ao Titanic. Por um momento, não conseguiu entender por quê. Então, deu-se conta de que a banda estava executando “Os contos de Hoffmann”, última música tocada após o jantar naquela fatídica noite de domingo.

A sra. George Darby (na época, Elizabeth Nye) acrescenta um detalhe cativante, contando que, quando começou a ficar cada vez mais frio no início da noite do domingo, ela e outros passageiros da segunda classe se reuniram no salão de jantar para cantar hinos, encerrando com “For Those in Peril on the Sea [Para aqueles em perigo no mar]”.

A sra. Katherine Manning (então, Kathy Gilnagh) transmite vividamente o espírito despreocupado dos jovens da terceira classe quando fala da alegre festa na coberta naquela mesma última noite. A certa altura, um rato atravessou correndo toda a sala; os rapazes puseram-se a caçá-lo, enquanto as moças se esganiçavam de excitação. Depois, a festa recomeçou. Os belos olhos da sra. Manning ainda brilham quando ela recorda a gaita de foles, os risos, a alegria de ser uma bela jovem irlandesa a caminho da América.

A maioria dos sobreviventes relata vislumbres da vida a bordo que têm algo de maravilhoso. Sente-se isso quando a sra. G. J. Mecherle (na época, sra. Albert Caldwell) lembra-se da azáfama da partida de Southampton, quando Victorine Perkins (então, Chansdowson) conta a história dos dezesseis baús dos Ryersons, quando o sr. Spencer Silverthorne recorda o jantar agradável com os outros compradores no domingo à noite e quando Marguerite Schwarzenbach (na época, Frolicher) descreve uma ceia mais tranquila na cabine dos pais – ela tinha ficado enjoada e aquela era sua primeira tentativa cautelosa de voltar a comer.

As lembranças da tripulação também têm algo de maravilhoso. Sente-se isso quando o foguista George Kemish descreve a rude camaradagem nas salas de caldeiras e quando a massagista Maud Slocombe fala de seus esforços desesperados para deixar o banho turco apresentável. Aparentemente, havia um sanduíche meio comido ou uma garrafa de cerveja vazia em cada canto. "Os construtores eram homens de Belfast", explica ela alegremente.

De certo modo, a atmosfera evocada por essas pessoas contribui tanto quanto os fatos e incidentes que elas descrevem. Agradeço enormemente sua ajuda.

Outros sobreviventes merecem toda a minha gratidão pela maneira como reconstruíram meticulosamente seus pensamentos e sentimentos enquanto o navio estava afundando. Jack Ryerson esforçou-se para lembrar como se sentira ao ficar de lado enquanto o seu pai discutia para colocá-lo no bote 4. Será que ele sabia que era a sua vida que estava em jogo? Não, não pensou muito sobre isso. Era um autêntico menino de treze anos.

A principal impressão de Washington Dodge Jr. foi o rugido ensurdecedor do vapor escapando das enormes chaminés do Titanic. Era um autêntico menino de cinco anos.

Os passageiros da terceira classe Anna Kincaid (na época, Sjoblom), Celiney Decker (então, Yasbeck) e Gus Cohen também contribuíram com muito mais do que narrativas interessantes. Foram especialmente úteis para recriar a atmosfera reinante na terceira classe – um lado da história negligenciado por muito tempo.

A tripulação igualmente forneceu muito mais do que relatos de suas experiências. O profundo sentimento na voz do padeiro Charles Burgess sempre que fala do Titanic revela o intenso orgulho dos homens que navegaram nele. A graciosa cortesia dos garçons James Witter, F. Dent Ray e Leo James Hyland evoca o atendimento incomparável que desfrutavam os passageiros. E o rigor de homens como o contramestre George Thomas Rowe, o marinheiro A. Pugh, o padeiro Walter Belford e o graxeiro Walter Hurst confirma o orgulho do foguista Kemish ao afirmar que os tripulantes eram "o melhor de Southampton".

Para esses e muitas outros sobreviventes do Titanic, como a sra. Jacques Futrelle, a sra. A. C. Williams, Harry Giles e Herbert J. Pitman, vão meus sinceros agradecimentos, não só pelos fatos que informaram, mas por seu tempo e por seus esforços.

Os parentes de pessoas que estavam no Titanic também cooperaram. Uma carta disponibilizada há pouco pelo descendente de um sobrevivente ilustra a que ponto chegaram. A carta foi escrita para o sobrevivente logo após o desastre. Omiti os nomes, mas o ato de tornar esses dados disponíveis mostra uma coragem e uma honestidade que efetivamente refutam a acusação feita na carta.

> Caro ___: tenho diante de mim informações de que você tentou forçar sua entrada em um dos botes salva-vidas... e que, quando o major Butt lhe ordenou que saísse, você se esgueirou entre a multidão, desapareceu e, depois de alguns momentos, foi visto vindo de sua cabine vestido com roupas femininas que foram reconhecidas como o vestuário usado por sua esposa durante a viagem.
> Não consigo entender como consegue manter a cabeça erguida

e chamar a si mesmo de homem entre os homens, sabendo que cada respiração sua é uma mentira. Se sua consciência continuar a incomodá-lo depois de ler isto, será melhor você se abrir. Não há ditado mais verdadeiro do que o antigo "A confissão é boa para a alma".

Sinceramente, ____.

Além de disponibilizar cartas, muitos parentes deram informações fascinantes. Especialmente, quero agradecer à filha do capitão Smith, sra. M. R. Cooke, pela encantadora evocação de seu intrépido pai; à sra. Sylvia Lightoller pela gentileza de escrever-me sobre seu falecido marido, o comandante Charles Lightoller, que se distinguiu recentemente, em 1940, levando o próprio barco para Dunquerque; à sra. Alfred Hess por me permitir consultar os papéis particulares do sr. e da sra. Isidor Straus; à sra. Cynthia Fletcher pela cópia da carta escrita por seu pai, Hugh Woolner, a bordo do Carpathia; ao sr. Fred G. Crosby e ao seu filho John pela ajuda na obtenção de informações sobre o capitão Edward Gifford Crosby; e à sra. Victor I. Minahan pelos detalhes interessantes sobre o dr. e a sra. William Minahan e sua filha Daisy.

Nos casos em que não foi possível encontrar sobreviventes e parentes, baseei-me em material publicado. As transcrições oficiais das investigações do Senado dos Estados Unidos e do tribunal de investigação britânico proporcionaram milhares de páginas de testemunhos fascinantes. As reminiscências de Jack Thayer, publicadas de forma restrita, são um relato franco e cativante. O discurso do dr. Washington Dodge no

Commonwealth Club de San Francisco é igualmente interessante. O livro de Lawrence Beesley, *The Loss of the SS Titanic* [A perda do SS Titanic] (Houghton Mifflin, 1912), contém uma descrição clássica que vale o tempo de qualquer um. *The Truth About the Titanic* [A verdade sobre o Titanic], de Archibald Gracie (Mitchell Kennerley, 1913), é inestimável para descobrir quem saiu em qual bote – o coronel Gracie foi um detetive incansável. *Titanic and other Ships* [O Titanic e outros navios], do comandante Lightoller (Ivor Nicholson & Watson, 1935), espelha a fina mistura de humor e bravura do autor. O livro de Shan Bullock, *A "Titanic" Hero: Thomas Andrews, Shipbuilder* [Um herói "titânico": Thomas Andrews, construtor naval] (Norman-Remington, 1913), é um trabalho carinhoso que reconstrói as últimas horas desse homem maravilhoso.

Bons relatos de alguns sobreviventes também saíam de vez em quando em revistas e jornais – aparentemente, o aniversário do naufrágio era uma dádiva de Deus para a editoria de cidades. São exemplos a história de Jack Thayer publicada no *Evening Bulletin* da Filadélfia em 14 de abril de 1932, a entrevista com o foguista Louis Michelsen no *Gazette* de Cedar Rapids de 15 de maio de 1955 e o envolvente e animado relato da sra. René Harris publicado na edição de 13 de abril de 1932 da revista *Liberty*.

A imprensa contemporânea é menos satisfatória. O *New York Times*, claro, fez um trabalho brilhante, mas a maioria dos jornais de Nova York foi extremamente pouco confiável. Trabalho melhor fizeram os jornais das cidades em que havia cidadãos envolvidos – por exemplo, os de Milwaukee sobre os Crosbys e os Minahans, os de San Francisco sobre os Dodges, o *Gazette* de Cedar Rapids sobre os Douglas. No exterior, o *Times* foi meticuloso, embora maçante. Mais fascinantes, talvez, foram os jornais de Belfast, onde o Titanic tinha sido construído, e os de Southampton, onde muitos tripulantes moravam. Ambas são cidades marítimas, e a cobertura tinha de ser boa.

As revistas populares de então – *Harper's, Sphere, Illustrated London News* –, em sua maioria, faziam pouco mais do que repetir histórias dos jornais, mas ocasionalmente aparecia uma joia, como a descrição de Henry Sleeper Harper na *Harper's* de 27 de abril de 1912 ou o excelente relato da sra. Charlotte Collyer na edição de 26 de maio de 1912 da *Semi-Monthly Magazine.* As revistas técnicas da época ofereceram melhores opções: a edição especial de 1911 da britânica *Shipbuilder* com dados completos sobre a construção do Titanic e material similar na *Engineering* de 26 de maio de 1911 e na *Scientific American* de 1º de julho de 1911.

Os outros atores do drama – as pessoas que estavam no navio de resgate Carpathia – foram tão generosos e cooperativos como os que estavam no Titanic. Robert H. Vaughan ofereceu ajuda inestimável para juntar os detalhes da desabalada carreira do navio pela noite afora. R. Purvis teve papel fundamental na tarefa de recordar os nomes de vários oficiais do Carpathia. A sra. Louis M. Ogden contribuiu com um tesouro de pequenas histórias – ainda mais valiosas porque ela foi uma das primeiras a chegar ao convés. A sra. Diego Suarez (na época, srta. Evelyn Marshall) traçou um retrato vívido do momento em que os botes do Titanic começaram a atracar.

Não há muito material publicado sobre o Carpathia, mas o livro do capitão sir Arthur H. Rostron, *Home from the Sea*

[Chegando do mar] (Macmillan, 1931), contém um excelente relato. O testemunho dele nas audiências norte-americana e britânica também é valioso, assim como o do operador de rádio Harold Thomas Cottam.

Além das pessoas que estiveram no Titanic e no Carpathia, outras deram contribuições importantes para a preparação deste livro. O capitão Charles Victor Groves me ajudou muito a montar a história do Californian, no qual serviu como terceiro oficial. Charles Dienz, que na época era *maître* do Ritz-Carlton no Amerika, deu informações valiosas sobre como operavam aqueles restaurantes *à la carte* oceânicos, sobretudo quando se leva em conta que apenas um membro do pessoal do restaurante do Titanic foi salvo. A Harland & Wolff disponibilizou maravilhosas fotografias do interior do navio, a Lloyd's revelou o último menu do Titanic e a empresa Marconi forneceu dados extremamente interessantes sobre as instalações de rádio da época. Helen Hernandez, da Twentieth Century-Fox, foi uma mina de ouro de indicações úteis.

Finalmente, pessoas muito mais próximas de mim merecem uma palavra de agradecimento especial. Ralph Whitney sugeriu muitas fontes inestimáveis. Harold Daw contribuiu com importantes pesquisas. Virginia Martin decifrou e datilografou resmas inteiras de almaço rabiscado. Minha mãe fez o tipo doloroso de indexação e cruzamento de informações que só uma mãe estaria disposta a fazer.

Lista dos passageiros

Aqui está a lista final de passageiros perdidos e salvos da White Star Line, datada de 1912. Os que se salvaram estão em *itálico.*

PRIMEIRA CLASSE

Allen, srta. Elizabeth Walton
Allison, sr. H. J.
Allison, sra. H. J. e *criada*
Allison, srta. L.
Allison, T. e enfermeira
Anderson, sr. Harry
Andrews, srta. Cornelia I.
Andrews, sr. Thomas
Appleton, sra. E. D.
Artagaveytia, sr. Ramon
Astor, coronel J. J. e serviçal
Astor, sra. J. J. e criada
Aubert, sra. N. e criada
Barkworth, sr. A. H.
Baumann, sr. J.
Baxter, sra. James
Baxter, sr. Quigg
Beattie, sr. T.
Beckwith, sr. R. L.
Beckwith, sra. R. L.
Behr, sr. K. H.
Bishop, sr. D. H.
Bishop, sra. D. H.
Bjornström, sr. H.
Blackwell, sr. Stephen Weart
Blank, sr. Henry
Bonnell, srta. Caroline
Bonnell, srta. Lily
Borebank, sr. J. J.
Bowen, srta.
Bowerman, srta. Elsie
Brady, sr. John B.
Brandeis, sr. E.
Brayton, sr. George
Brewe, dr. Arthur Jackson
Brown, sra. J. J.
Brown, sra. J. M.
Bucknell, sra. W. e criada
Butt, major Archibald W.
Calderhead, sr. E. P.
Candee, sra. Churchill
Cardoza, sra. J. W. M. e criada
Cardoza, sr. T. D. M. e serviçal
Carlson, sr. Frank
Carran, sr. F. M.

Carran, sr. J. P.
Carter, sr. William E.
Carter, sra. William E. e criada
Carter, srta. Lucile
Carter, William T. e serviçal
Case, sr. Howard B.
Cassebeer, sra. H. A.
Cavendish, sr. T. W.
Cavendish, sra. T. W. e criada
Chaffee, sr. Herbert F.
Chaffee, sra. Herbert F.
Chambers, sr. N. C.
Chambers, sra. N C.
Cherry, srta. Gladys
Chevré, sr. Paul
Chibnall, sra. E. M. Bowerman
Chisholm, sr. Robert
Clark, sr. Walter M.
Clark, sra. Walter M.
Clifford, sr. George Quincy
Colley, sr. E. P.
Compton, sra. A. T.
Compton, srta. S. P.
Compton, sr. A. T., Jr.
Cornell, sra. R. G.
Crafton, sr. John. B.
Crosby, sr. Edward G.
Crosby, sra. Edward G.
Crosby, srta. Harriet
Cummings, sr. John Bradley
Cummings, sra. John Bradley
Daly, sr. P. D.
Daniel, sr. Robert W.
Davidson, sr. Thornton
Davidson, sra. Thornton
De Villiers, sra. B.
Dick, sr. A. A.
Dick, sra. A. A.
Dodge, dr. Washington
Dodge, sra. Washington
Dodge, Washington
Douglas, sra. F. C.
Douglas, sr. W. D.
Douglas, sra. W. D. e criada
Dulles, sr. William C.
Earnshew, sra. Boulton
Endres, srta. Caroline
Eustis, srta. E. M.
Evans, srta. E.
Flegenheim, sra. A.
Flynn, sr. J. I.
Foreman, sr. B. L.
Fortune, sr. Mark
Fortune, sra. Mark
Fortune, srta. Alice
Fortune, srta. Ethel
Fortune, srta. Mabel
Fortune, sr. Charles
Franklin, sr. T. P.
Frauenthal, sr. T. G.
Frauenthal, dr. Henry W.
Frauenthal, sra. Henry W.

Frolicher, srta. Marguerite
Futrelle, sr. J.
Futrelle, sra. J.
Gee, sr. Arthur
Gibson, sra. L.
Gibson, srta. D.
Giglio, sr. Victor
Goldenberg, sr. S. L.
Goldenberg, sra. S. L.
Goldschmidt, sra. George B.
Gordon, sir Cosmo Duff
Gordon, lady Duff e criada
Gracie, coronel Archibald
Graham, sr. William G.
Graham, sra. William G.
Graham, srta. Margaret
Greenfield, sra. L. D.
Greenfield, sra. W. B.
Guggenheim, sr. Benjamin
Harder, sr. George A.
Harder, sra. George A.
Harper, sr. Henry Sleeper e serviçal
Harper, sra. Henry Sleeper
Harris, sr. Henry B.
Harris, sra. Henry B.
Harrison, sr. W. H.
Haven, sr. H.
Hawksford, sr. W. J.
Hays, sr. Charles M.
Hays, sra. Charles M. e criada
Hays, srta. Margaret
Head, sr. Christopher
Hilliard, sr. Herbert Henry
Hipkins, sr. W. E.
Hippach, sra. Ida S.
Hippach, srta. Jean
Hogeboom, sra. John C.
Holt, sr. W. F.
Holverson, sr. A. O.
Holverson, sra. A. O.
Hoyt, sr. Frederick M.
Hoyt, sra. Frederick M.
Isham, srta. A. E.
Ismay, sr. J. Bruce e serviçal
Jakob, sr. Birnbaum
Jones, sr. C. C.
Julian, sr. H. F.
Kent, sr. Edward A.
Kenyon, sr. F. R.
Kenyon, sra. F. R.
Kimball, sr. E. N.
Kimball, sra. E. N.
Klaber, sr. Herman
Lambert-Williams, sr. Fletcher Fellows
Leader, sra. F. A.
Lewy, sr. E. G.
Lindstroem, sra. J.
Lines, sra. Ernest H.
Lines, srta. Mary C.
Lingrey, sr. Edward
Long, sr. Milton C.

Longley, srta. Gretchen F.
Loring, sr. J. H.
Madill, srta. Georgette Alexandra
Maguire, sr. J. E.
Maréchal, sr. Pierre
Marvin, sr. D. W.
Marvin, sra. D. W.
McCaffry, sr. T.
McCarthy, sr. Timothy J.
McGough, sr. J. R.
Meyer, sr. Edgar J.
Meyer, sra. Edgar J.
Millet, sr. Frank D.
Minahan, dr. W. E.
Minahan, sra. W.E.
Minahan, srta. Daisy
Moch, sr. Philip E.
Molsom, sr. H. Markland
Moore, sr. Clarence e serviçal
Natsch, sr. Charles
Newell, sr. A. W.
Newell, srta. Alice
Newell, srta. Madeline
Newsom, srta. Helen
Nicholson, sr. A. S.
Omont, sr. F.
Ostby, sr. E. C.
Ostby, srta. Helen R.
Ovies, sr. S.
Parr, sr. M. H. W.
Partner, sr. Austin
Payne, sr. V.
Pears, sr. Thomas
Pears, sra. Thomas
Penasco, sr. Victor
Penasco, sra. Victor e criada
Peuchen, major Arthur
Porter, sr. Walter Chamberlain
Potter, sra. Thomas, Jr.
Reuchlin, sr. Jonkheer J. G.
Rheims, sr. George
Robert, sra. Edward S. e criada
Roebling, sr. Washington A., II
Rolmane, sr. C.
Rood, sr. Hugh R.
Rosenbaum, srta.
Ross, sr. J. Hugo
Rothes, condessa de e criada
Rothschild, sr. M.
Rothschild, sra. M.
Rowe, sr. Alfred
Ryerson, sr. Arthur
Ryerson, sra. Arthur e criada
Ryerson, srta. Emily
Ryerson, srta. Susan
Ryerson, Jack
Saalfeld, sr. Adolphe
Schabert, sra. Paul
Seward, sr. Frederick K.
Shutes, srta. E. W.
Silverthorne, sr. S. V.
Silvey, sr. William. B.

Silvey, sra. William B.
Simonius, sr. Oberst Alfons
Sloper, sr. William T.
Smart, sr. John M.
Smith, sr. J. Clinch
Smith, sr. L. P.
Smith, sra. L. P.
Smith, sr. R.W.
Snyder, sr. John
Snyder, sra. John
Soloman, sr. A. L.
Spedden, sr. Frederick O.
Spedden, sra. Frederick O. e criada
Spedden, R. Douglas e enfermeira
Spencer, sr. W. A.
Spencer, sra. W. A. e criada
Stahelin, dr. Max
Stead, sr. W. T.
Steffanson, B. B.
Steffanson, H. B.
Stehli, sr. Max Frolicher
Stehli, sra. Max Frolicher
Stengel, sr. C. E. H.
Stengel, sra. C. E. H
Stewart, sr. A. A.
Stone, sra. George M. e criada
Straus, sr. Isidor e serviçal
Straus, sra. Isidor e *criada*
Sutton, sr. Frederick
Swift, sra. Frederick Joel
Taussig, sr. Emil
Taussig, sra. Emil
Taussig, srta. Ruth
Taylor, sr. E. Z.
Taylor, sra. E. Z.
Thayer, sr. J. B.
Thayer, sra. J. B. e criada
Thayer, J. B., Jr.
Thorne, sr. G.
Thorne, sra. G.
Tucker, sr. G. M., Jr.
Uruchurtu, sr. M. R.
Van der Hoef, sr. Wyckoff
Walker, sr. W. Anderson
Warren, sr. F. M.
Warren, sra. F. M.
Weir, sr. J.
White, sr. Percival W.
White, sr. Richard F.
White, sra. J. Stuart, criada e serviçal
Wick, sr. George D.
Wick, sra. George D.
Wick, srta. Mary
Widener, sr. George D. e serviçal
Widener, sra. George D. e criada
Widener, sr. Harry
Willard, srta. Constance
Williams, sr. Duane
Williams, sr. R. N., Jr.
Woolner, sr. Hugh

Wright, sr. George
Young, srta. Marie

SEGUNDA CLASSE

Abelson, sr. Samson
Abelson, sra. Hanna
Aldworth, sr. C.
Andrew, sr. Edgar
Andrew, sr. Frank
Angle, sr. William
Angle, sra.
Ashby, sr. John
Baily, sr. Percy
Baimbrigge, sr. Chas. R.
Balls, sra. Ada E.
Banfield, sr. Frederick J.
Bateman, sr. Robert J.
Beane, sr. Edward
Beane, sra. Ethel
Beauchamp, sr. H. J.
Becker, sra. A. O. e três crianças
Beesley, sr. Lawrence
Bentham, srta. Lilian W.
Berriman, sr. William
Botsford, sr. W. Hull
Bowenur, sr. Solomon
Bracken, sr. Jas. H.
Brito, sr. José de
Brown, srta. Mildred
Brown, sr. S.
Brown, sra.
Brown, srta. E.
Bryhl, sr. Curt
Bryhl, srta. Dagmar
Buss, srta. Kate
Butler, sr. Reginald
Byles, rev. Thomas R. D.
Bystrom, srta. Karolina
Caldwell, sr. Albert F.
Caldwell, sra. Sylvia
Caldwell, Alden G.
Cameron, srta. Clear
Carbines, sr. William
Carter, rev. Ernest C.
Carter, sra. Lillian
Chapman, sr. John H.
Chapman, sra. Elizabeth
Chapman, sr. Charles
Christy, sra. Alice
Christy, srta. Juli
Clarke, sr. Charles V.
Clarke, sra. Ada Maria
Coleridge, sr. R. C.
Collander, sr. Erik
Collett, sr. Stuart
Collyer, sr. Harvey
Collyer, sra. Charlotte
Collyer, srta. Marjorie
Corbett, sra. Irene
Corey, sra. C. P.
Cotterill, sr. Harry

Davies, sr. Charles
Davis, sra. Agnes
Davis, John M.
Davis, srta. Mary
Deacon, sr. Percy
Del Carlo, sr. Sebastian
Del Carlo, sra.
Denbou, sr. Herbert
Dibden, sr. William
Doling, sra. Ada
Doling, srta. Elsie
Downton, sr. William J.
Drachstedt, barão von
Drew, sr. James V.
Drew, sra. Lulu
Drew, Marshall
Duran, srta. Asimcion
Duran, srta. Florentina
Eitemiller, sr. G. F.
Enander, sr. Ingvar
Fahlstrom, sr. Arne J.
Faunthorpe, sr. Harry
Faunthorpe, sra. Lizzie
Fillbrook, sr. Charles
Fox, sr. Stanley H.
Funk, srta. Annie
Fynney, sr. Jos.
Gale, sr. Harry
Gale, sr. Shadrach
Garside, srta. Ethel
Gaskell, sr. Alfred
Gavey, sr. Lawrence
Gilbert, sr. William
Giles, sr. Edgar
Giles, sr. Fred
Giles, sr. Ralph
Gill, sr. John
Gillespie, sr. William
Givard, sr. Hans K.
Greenberg, sr. Samuel
Hale, sr. Reginald
Hamalainer, sra. Anna e bebê
Harbeck, sr. Wm. H.
Harper, sr. John
Harper, srta. Nina
Harris, sr. George
Harris, sr. Walter
Hart, sr. Benjamin
Hart, sra. Esther
Hart, srta. Eva
Herman, srta. Alice
Herman, sra. Jane
Herman, srta. Kate
Herman, sr. Samuel
Hewlett, sra. Mary D.
Hickman, sr. Leonard
Hickman, sr. Lewis
Hickman, sr. Stanley
Hiltunen, srta. Martha
Hocking, sr. George
Hocking, sra. Elizabeth
Hocking, srta. Nellie

Hocking, sr. Samuel J.
Hodges, sr. Henry P.
Hoffman, sr. *e duas crianças (Lolo e Louis)*
Hold, sra. Annie
Hold, sr. Stephen
Hood, sr. Ambrose
Hosono, sr. Masabumi
Howard, sr. Benjamin
Howard, sra. Ellen T.
Hunt, sr. George
Ilett, srta. Bertha
Jacobsohn, sra. Amy F.
Jacobsohn, sr. Sidney S.
Jarvis, sr. John D.
Jefferys, sr. Clifford
Jefferys, sr. Ernest
Jenkin, sr. Stephen
Jervan, sra. A. T.
Kantor, sra. Miriam
Kantor, sr. Sehua
Karnes, sra. J. F.
Keane, sr. Daniel
Keane, srta. Nora. A.
Kelly, sra. F.
Kirkland, rev. Charles L.
Kvillner, sr. John Henrik
Lahtinen, sra. Anna
Lahtinen, sr. William
Lamb, sr. J. J.
Lamore, sra. Amelia
Laroche, sr. Joseph
Laroche, sra. Juliet
Laroche, srta. Louise
Laroche, srta. Simonne
Lehman, srta. Bertha
Leitch, srta. Jessie
Levy, sr. R. J.
Leyson, sr. Robert W. N.
Lingan, sr. John
Louch, sr. Charles
Louch, sra. Alice Adela
Mack, sra. Mary
Malachard, sr. Noel
Mallet, sr. A.
Mallet, sra.
Mallet, A.
Mangiavacchi, sr. Emilio
Mantvila, sr. Joseph
Marshall, sr.
Marshall, sra. Kate
Matthews, sr. W. J.
Maybery, sr. Frank H.
McCrae, sr. Arthur G.
McCrie, sr. James
McKane, sr. Peter D.
Mellers, sr. William
Mellinger, sra. Elizabeth e criança
Meyer, sr. August
Milling, sr. Jacob C.
Mitchell, sr. Henry
Morawick, dr. Ernest

Mudd, sr. Thomas C.
Myles, sr. Thomas F.
Nasser, sr. Nicholas
Nasser, sra.
Nesson, sr. Israel
Nicholls, sr. Joseph C.
Norman, sr. Robert D.
Nye, sra. Elizabeth
Otter, sr. Richard
Oxenham, sr. Thomas P.
Padro, sr. Julian
Pain, dr. Alfred
Pallas, sr. Emilio
Parker, sr. Clifford R.
Parrish, sra. L. Davis
Pengelly, sr. Frederick
Pernot, sr. Rene
Peruschitz, rev. Jos. M.
Phillips, sr. Robert
Phillips, srta. Alice
Pinsky, srta. Rosa
Ponesell, sr. Martin
Portaluppi, sr. Emilio
Pulbaun, sr. Frank
Quick, sra. Jane
Quick, srta. Phyllis
Quick, srta. Vera W.
Reeves, sr. David
Renouf, sr. Peter H.
Renouf, srta. Lillie
Reynolds, srta. E.
Richard, sr. Emile
Richards, sra. Emily
Richards, George
Richards, William
Ridsdale, srta. Lucy
Rogers, sr. Harry
Rogers, srta. Selina
Rugg, srta. Emily
Sedgwick, sr. C. F. W.
Sharp, sr. Percival
Shelley, sra. Imanita
Silven, srta. Lyyli
Sincook, srta. Maude
Sinkkenen, srta. Anna
Sjostedt, sr. Ernest A.
Slayter, srta. M. H.
Slemen, sr. Richard J.
Smith, sr. Augustus
Smith, srta. Marion
Sobey, sr. Hayden
Stanton, sr. S. Ward
Stokes, sr. Phillip J.
Swane, sr. George
Sweet, sr. George
Toomey, srta. Ellen
Trant, srta. Jessie
Tronpiansky, sr. Moses A.
Troutt, srta. E. Celia
Turpin, sra. Dorothy
Turpin, sr. William J.
Veale, sr. James

Walcroft, srta. Nellie
Ware, sra. Florence L.
Ware, sr. John James
Ware, sr. William J.
Watt, srta. Bertha
Watt, sra. Bessie
Webber, srta. Susie
Weisz, sr. Leopold
Weisz, sra. Matilda
Wells, sra. Addie
Wells, srta. J.
Wells, Ralph
West, sr. E. Arthur
West, sra. Ada
West, srta. Barbara
West, srta. Constance
Wheadon, sr. Edward
Wheeler, sr. Edwin
Wilhelms, sr. Charles
Williams, sr. C.
Wright, srta. Marion
Yrois, srta. H.

TERCEIRA CLASSE
SÚDITOS BRITÂNICOS EMBARCADOS EM SOUTHAMPTON

Abbing, Anthony
Abbott, Eugene
Abbott, Rosa
Abbott, Rossmore
Adams, J.
Aks, Filly
Aks, Leah
Alexander, William
Allen, William
Allum, Owen G.
Badman, Emily
Barton, David
Beavan, W. T.
Billiard, A. van
Billiard, James (criança)
Billiard, Walter (criança)
Bing, Lee
Bowen, David
Braund, Lewis
Braund, Owen
Brocklebank, William
Cann, Ernest
Carver, A.
Celotti, Francesco
Chip, Chang
Christmann, Emil
Cohen, Gurshon
Cook, Jacob
Corn, Harry
Coutts, Winnie
Coutts, Leslie (criança)
Coutts, William (criança)
Coxon, Daniel
Crease, Ernest James
Cribb, John Hatfield

Cribb, Alice
Dahl, Charles
Davies, Evan
Davies, Alfred
Davies, John
Davis, Joseph
Davison, Thomas H.
Davison, Mary
Dean, sr. Bertram F.
Dean, sra. Hetty
Dean, Bertram (criança)
Dean, Vera (bebê)
Dennis, Samuel
Dennis, William
Derkings, Edward
Dowdell, Elizabeth
Drapkin, Jenie
Dugemin, Joseph
Elsbury, James
Emanuel, Ethel (criança)
Everett, Thomas. J.
Foo, Choong
Ford, Arthur
Ford, Margaret
Ford, srta. D. M.
Ford, sr. E. W.
Ford, M. W. T. N.
Ford, Maggie (criança)
Franklin, Charles
Garfirth, John
Gilinski, Leslie
Godwin, Frederick
Goldsmith, Frank J.
Goldsmith, Emily A.
Goldsmith, Frank J. W.
Goodwin, Augusta
Goodwin, Lillian A.
Goodwin, Charles E.
Goodwin, William F. (criança)
Goodwin, Jessie (criança)
Goodwin, Harold (criança)
Goodwin, Sidney (criança)
Green, George
Guest, Robert
Harknett, Alice
Harmer, Abraham
Hee, Ling
Howard, May
Hyman, Abraham
Johnson, sr. A.
Johnson, sr. W.
Johnston, A. G.
Johnston, sra.
Johnston, William (criança)
Johnston, srta. C. H. (criança)
Keefe, Arthur
Kelly, James
Lam, Ali
Lam, Len
Lang, Fang
Leonard, sr. L.
Lester, James

Ling, Lee
Lithman, Simon
Lobb, Cordelia
Lobb, William A.
Lockyer, Edward
Lovell, John
MacKay, George W.
Maisner, Simon
McNamee, Eileen
McNamee, Neal
Meanwell, Marian O.
Meek, Annie L.
Meo, Alfonso
Miles, Frank
Moor, Beile
Moor, Meier
Moore, Leonard C.
Morley, William
Moutal, Rahamin
Murdlin, Joseph
Nancarrow, W. H.
Niklasen, Sander
Nosworthy, Richard C.
Peacock, Alfred (bebê)
Peacock, Treasteall
Peacock, Treasteall (criança)
Pearce, Ernest
Peduzzi, Joseph
Perkin, John Henry
Peterson, Marius
Potchett, George
Rath, Sarah
Reed, James George
Reynolds, Harold
Risien, Emma
Risien, Samuel
Robins, Alexander
Robins, Charity
Rogers, William John
Rouse, Richard H.
Rush, Alfred George J.
Sadowitz, Harry
Sage, John
Sage, Annie
Sage, Stella
Sage, George
Sage, Douglas
Sage, Frederick
Sage, Dorothy
Sage, William (criança)
Sage, Ada (criança)
Sage, Constance (criança)
Sage, Thomas (criança)
Sather, Simon
Saundercock, W. H.
Sawyer, Frederick
Scrota, Maurice
Shellard, Frederick
Shorney, Charles
Simmons, John
Slocovski, Selman
Somerton, Francis W.

Spector, Woolf
Spinner, Henry
Stanley, Amy
Stanley, E. R.
Storey, T.
Sunderland, Victor
Sutehall, Henry
Theobald, Thomas
Thomson, Alex
Thorneycroft, Florence
Thorneycroft, Percival
Tomlin, Ernest P.
Torber, Ernest
Trembisky, Berk
Tunquist, W.
Ware, Frederick
Warren, Charles W.
Webber, James
Wilkes, Ellen
Willey, Edward
Williams, Harry
Williams, Leslie
Windelov, Einar
Wiseman, Philip

NÃO BRITÂNICOS
EMBARCADOS
EM SOUTHAMPTON

Abelseth, Karen
Abelseth, Olaus
Abramson, August
Adahl, Mauritz
Adolf, Humblin
Ahlin, Johanna
Ahmed, Ali
Alhomaki, Ilmari
Ali, William
Anderson, Albert
Anderson, Alfreda
Anderson, Anders
Anderson, Carla
Anderson, Ebba (criança)
Anderson, Ellis
Anderson, Erna
Anderson, Ingeborg (criança)
Anderson, Samuel
Anderson, Sigrid (criança)
Anderson, Sigvard (criança)
Anderson, Thor
Andersson, Ida Augusta
Andreason, Paul Edvin
Angheloff, Minko
Arnold, Joseph
Arnold, Josephine
Aronsson, Ernes
Asim, Adola
Asplund, Carl (criança)
Asplund, Charles
Asplund, Felix (criança)
Asplund, Gustaf (criança)
Asplund, Johan
Asplund, Lillian (criança)

Asplund, Oscar (criança)
Asplund, Selma
Assam, Ali
Augustsan, Albert
Backstrom, Karl
Backstrom, Marie
Balkic, Cerin
Benson, John Viktor
Berglund, Ivar
Berkeland, Hans
Bjorklund, Ernst
Bostandyeff, Guentcho
Braf, Elin Ester
Brobek, Carl R.
Cacic, Grego
Cacic, Luka
Cacic, Maria
Cacic, Manda
Calie, Peter
Carlson, Carl R.
Carlson, Julius
Carlsson, August Sigfrid
Coelho, Domingos Fernardeo
Coleff, Fotio
Coleff, Peyo
Cor, Bartol
Cor, Ivan
Cor, Ludovik
Dahl, Mauritz
Dahlberg, Gerda
Dakic, Branko
Danbom, Ernest
Danbom, Gillber (bebê)
Danbom, Sigrid
Danoff, Yoto
Dantchoff, Khristo
Delalic, Regyo
Denkoff, Mito
Dimic, Jovan
Dintcheff, Valtcho
Dyker, Adolf
Dyker, Elizabeth
Ecimovic, Joso
Edwardsson, Gustaf
Eklunz, Hans
Ekstrom, Johan
Finote, Luigi
Fischer, Eberhard
Goldsmith, Nathan
Gonçalves, Manoel E.
Gronnestad, Daniel D.
Gustafson, Alfred
Gustafson, Anders
Gustafson, Johan
Gustafsson, Gideon
Haas, Aloisia
Hadman, Oscar
Hagland, Ingvald O.
Hagland, Konrad R.
Hakkurainen, Pekko
Hakkurainen, Elin
Hampe, Leon

Hankonen, Eluna
Hansen, Claus
Hansen, Janny
Hansen, Henry Damgavd
Heininen, Wendla
Hendekovic, Ignaz
Henriksson, Jenny
Hervonen, Helga
Hervonen, Hildwe (criança)
Hickkinen, Laina
Hillstrom, Hilda
Holm, John F.A.
Holten, Johan
Humblin, Adolf
Ilieff, Ylio
Ilmakangas, Ida
Ilmakangas, Pista
Ivanoff, Konio
Jansen, Carl
Jardin, Jose Netto
Jensen, Carl
Jensen, Hans Peter
Jensen, Svenst L.
Jensen, Nilho R.
Johannessen, Brent
Johannessen, Elias
Johansen, Nils
Johanson, Oscar
Johanson, Oscal L.
Johansson, Erik
Johansson, Gustaf
Johnson, Alice
Johnson, Eleanora (bebê)
Johnson, Jakob A.
Johnson, Harold
Johnsson, Carl
Johnsson, Malkolm
Jonkoff, Lazor
Jonsson, Nielo H.
Jusila, Erik
Jusila, Katrina
Jusila, Mari
Jutel, Henrik Hansen
Kallio, Nikolai
Kalvig, Johannes H.
Karajic, Milan
Karlson, Einar
Karlson, Nils August
Kekic, Tido
Kink, Anton
Kink, Louise
Kink, Louise (criança)
Kink, Maria
Kink, Vincenz
Klasen, Gertrud (criança)
Klasen, Hilda
Klasen, Klas A.
Laitinen, Sofia
Laleff, Kristo
Landegren, Aurora
Larson, Viktor
Larsson, Bengt Edvin

Larsson, Edvard
Lefebre, Frances
Lefebre, Henry (criança)
Lefebre, Ida (criança)
Lefebre, Jeannie (criança)
Lefebre, Mathilde (criança)
Leinonen, Antti
Lindablom, August
Lindahl, Agda
Lindell, Edvard B.
Lindell, Elin
Lindqvist, Einar
Lulic, Nicola
Lundahl, John
Lundin, Olga
Lundstrom, Jan
Madsen, Fridjof
Maenpaa, Matti
Makinen, Kalle
Mampe, Leon
Marinko, Dmitri
Markoff, Marin
Melkebuk, Philemon
Messemacker, Emma
Messemacker, Guillaume
Midtsjo, Carl
Mikanen, John
Mineff, Ivan
Minkoff, Lazar
Mirko, Dika
Mitkoff, Mito
Moen, Sigurd H.
Moss, Albert
Mulder, Theo
Myhrman, Oliver
Naidenoff, Penko
Nankoff, Minko
Nedeco, Petroff
Nenkoff, Christo
Nieminen, Manta
Nilson, Berta
Nilson, Helmina
Nilsson, August F.
Nirva, Isak
Nyoven, Johan
Nyston, Anna
Odahl, Martin
Olsen, Arthur
Olsen, Carl
Olsen, Henry
Olsen, Ole M.
Olson, Elon
Olsson, Elida
Olsson, John
Oreskovic, Luka
Oreskovic, Maria
Oreskovic, Jeko
Orman, Velin
Osman, Mara
Pacruic, Mate
Pacruic, Tome
Panula, Eino

Panula, Ernesti
Panula, Juho
Panula, Maria
Panula, Sanni
Panula, Urhu (criança)
Panula, William (bebê)
Pasic, Jakob
Paulsson, Alma C.
Paulsson, Gosta (criança)
Paulsson, Paul (criança)
Paulsson, Stina (criança)
Paulsson, Torborg (criança)
Pavlovic, Stefo
Pekonemi, E.
Pelsmaker, Alfons de
Peltomaki, Nikolai
Pentcho, Petroff
Person, Ernest
Peterson, Johan
Petersson, Ellen
Petranec, Matilda
Petterson, Olaf
Plotcharsky, Vasil
Radeff, Alexandre
Rintamaki, Matti
Rosblom, Helene
Rosblom, Salli (criança)
Rosblom, Viktor
Rummstvedt, Kristian
Salander, Carl
Saljilsvik, Anna
Salonen, Werner
Sandman, Johan
Sandstrom, Agnes
Sandstrom, Beatrice (criança)
Sandstrom, Margretha (criança)
Sdycoff, Todor
Sheerlinck, Jean
Sihvola, Antti
Sivic, Husen
Sjoblom, Anna
Skoog, Anna
Skoog, Carl (criança)
Skoog, Harald (criança)
Skoog, Mabel (criança)
Skoog, Margret (criança)
Skoog, William
Slabenoff, Petco
Smiljanic, Mile
Sohole, Peter
Solvang, Lena Jacobsen
Sop, Jules
Staneff, Ivan
Stoyehoff, Ilia
Stoytcho, Mihoff
Strandberg, Ida
Stranden, Jules
Strilic, Ivan
Strom, Selma (criança)
Svensen, Olaf
Svensson, Coverin
Svensson, Johan

Syntakoff, Stanko
Tikkanen, Juho
Todoroff, Lalio
Tonglin, Gunner
Turcin, Stefan
Turgo, Anna
Twekula, Hedwig
Uzelas, Jovo
Van de Velde, Joseph
Van de Walle, Nestor
Van der Planke, Augusta Vander
Van der Planke, Emilie Vander
Van der Planke, Jules Vander
Van der Planke, Leon Vander
Van der Steen, Leo
Van Impe, Catharine (criança)
Van Impe, Jacob
Van Impe, Rosalie
Vereruysse, Victor
Vestrom, Huld A. A.
Vook, Janko
Waelens, Achille
Wende, Olof Edvin
Wennerstrom, August
Wenzel, Zinhart
Widegrin, Charles
Wiklund, Karl F.
Wiklund, Jacob A.
Wirz, Albert
Wittenrongel, Camille
Zievens, René
Zimmermann, Leo

EMBARCADOS EM CHERBOURG

Assafi, Marian
Attala, Malake
Baclini, Eugene
Baclini, Helene
Baclini, Latifa
Baclini, Maria
Badt, Mohamed
Banoura, Ayout
Banous, Elias
Barbara, Catherine
Barbara, Saude
Betros, Tannous
Boulos, Akar (criança)
Boulos, Hanna
Boulos, Nourelain
Boulos, Sultani
Caram, Joseph
Caram, Maria
Chabini, Georges
Chehab, Emir Farres
Chronopoulos, Apostolos
Chronopoulos, Demetrios
Dibo, Elias
Drazenovie, Josip
Elias, Joseph
Elias, Joseph

Fabini, Leeni
Fat-ma, Mustmani
Gerios, Assaf
Gerios, Youssef
Gerios, Youssef
Gheorgheff, Stanio
Hanna, Mansour
Jean Nassr, Saade
Johann, Markim
Joseph, Mary
Karun, Franz
Karun, Anna (criança)
Kassan, M. Housseing
Kassein, Hassef
Kassem, Fared
Khalil, Betros
Khalil, Zahie
Kraeff, Thodor
Lemberopoulos, Peter
Malinoff, Nicola
Meme, Hanna
Monbarek, Hanna
Moncarek, Gonios (criança)
Moncarek, Halim (criança)
Moncarek, Omine
Moussa, Mantoura
Naked, Maria
Naked, Said
Naked, Waika
Nasr, Mustafa
Nichan, Krikorian
Nicola, Elias (criança)
Nicola, Jamila
Novel, Mansouer
Orsen, Sirayanian
Ortin, Zakarian
Peter, Anna
Peter, Catherine Joseph
Peter, Mike
Rafoul, Baccos
Raibid, Razi
Saad, Amin
Saad, Khalil
Samaan, Elias
Samaan, Hanna
Samaan, Youssef
Sarkis, Lahowd
Sarkis, Mardirosian
Seman, Betros (criança)
Shedid, Daher
Sleiman, Attalla
Stankovic, Jovan
Tannous, Daler
Tannous, Thomas
Thomas, Assad (bebê)
Thomas, Charles
Thomas, John
Thomas, Tamin
Tonfik, Nahli
Torfa, Assad
Useher, Paulner
Vagil, Adele Jane

Vartunian, David
Vassilios, Catavelas
Wazli, Yousif
Weller, Abi
Yalsevae, Ivan
Yazbeck, Antoni
Yazbeck, Salini
Youssef, Brahim
Youssef, Georges (criança)
Youssef, Hanne
Youssef, Maria (criança)
Zabour, Hileni
Zabour, Tamini
Zakarian, Maprieder

EMBARCADOS EM QUEENSTOWN

Barry, Julia
Bourke, Catherine
Bourke, John
Bradley, Bridget
Buckley, Daniel
Buckley, Katherine
Burke, Jeremiah
Burke, Mary
Burns, Mary
Canavan, Mary
Cannavan, Pat
Car, Jeannie
Carr, Ellen
Chartens, David
Colbert, Patrick
Conlin, Thos. H.
Connaghton, Michel
Connors, Pat
Conolly, Kate
Conolly, Kate
Daly, Eugene
Daly, Marcella
Devanoy, Margaret
Dewan, Frank
Dooley, Patrick
Doyle, Elin
Driscoll, Bridget
Emmeth, Thomas
Farrell, James
Flynn, James
Flynn, John
Foley, Joseph
Foley, William
Fox, Patrick
Gallagher, Martin
Gilnagh, Katie
Glynn, Mary
Hagardon, Kate
Hagarty, Nora
Hart, Henry
Healy, Nora
Hemming, Norah
Henery, Delia
Horgan, John
Jenymin, Annie

Kelly, Annie K.
Kelly, James
Kelly, Mary
Kennedy, John
Kerane, Andy
Kiernan, John
Kiernan, Phillip
Kilgannon, Thomas
Lane, Patrick
Lemon, Denis
Lemon, Mary
Linehan, Michel
Madigan, Maggie
Mahon, Delia
Mangan, Mary
Mannion, Margareth
McCarthy, Katie
McCormack, Thomas
McCoy, Agnes
McCoy, Alice
McCoy, Bernard
McDermott, Delia
McElroy, Michel
McGovern, Mary
McGowan, Anni
McGowan, Katherine
McMahon, Martin
Mechan, John
Meeklave, Ellie
Moran, Bertha
Moran, James
Morgan, Daniel. J.
Morrow, Thomas
Mullens, Katie
Mulvihill, Bertha
Murphy, Kate
Murphy, Mary
Murphy, Norah
Naughton, Hannah
Nemagh, Robert
O'Brien, Denis
O'Brien, Hannah
O'Brien, Thomas
O'Connell, Pat D.
O'Connor, Maurice
O'Connor, Pat
O'Donaghue, Bert
O'Dwyer, Nellie
O'Keefe, Pat
O'Leary, Norah
O'Neill, Bridget
O'Sullivan, Bridget
Peters, Katie
Rice, Albert (criança)
Rice, Arthur (criança)
Rice, Eric (criança)
Rice, Eugene (criança)
Rice, George (criança)
Rice, Margaret
Riordan, Hannah
Ryan, Edw.
Ryan, Patrick

Sadlier, Matt
Scanlan, James
Shaughnesay, Pat
Shine, Ellen
Smyth, Julian
Tobin, Roger

Sobre o autor

Walter Lord nasceu em Baltimore, em 1917, e morreu em Nova York, em 2002. Estudou história na Universidade de Princeton e direito na Universidade Yale. Publicou vários relatos históricos, entre eles, *Day of infamy* (1957), sobre o ataque a Pearl Harbor, *Peary to the pole* (1963), a respeito do Polo Ártico, e *The good years: from 1900 to the First World War* (1960), sobre a vida nos EUA antes da Primeira Guerra. *Uma noite fatídica* foi adaptado para o cinema em 1958, pelo diretor britânico Roy Ward Baker. Em 1986, Lord voltou a abordar a tragédia em *The nights lives on: thoughts, theories and revelations about the Titanic.* O diretor James Cameron dedicou ao escritor seu documentário *Ghosts of Abyss* (2003), sobre o Titanic.

Este livro foi composto na fonte Albertina
e impresso em outubro de 2012 pela
Corprint, sobre papel pólen soft 80 g/m².